생각의 지문

생각의 지문

지식과 사색의 아포리즘 결정체!
「이동규의 두줄칼럼」 100선

이동규 지음

Thinkprint

프롤로그

특별한 영감 여행으로의 초대
Inspirational Journey

우리는 모두 거대한 시대적 변곡점에 서 있다. 그 누구도 경험해 보지 못한 21세기 '인공지능AI 초기술문명'의 낯선 새벽이 열리고 있다. 내연기관과 인터넷 발명을 뛰어넘는 이 변화는 매우 빠르고도 파괴적이다. 현재 생각지도 못한 문제들이 터져 나오고 있지만 이미 봇물은 터졌다. 이제 아는 것은 더 이상 힘이 아니다. 과거 지식의 시대엔 '아는 것이 힘'이었다면 현재 검색의 시대엔 '찾는 것이 힘'이었다. 그러나 미래 인공지능 혁명 시대에는 질문의 품질, 즉 '묻는 것이 힘'이다.

탈脫전공 시대 '낯선 것들을 연결하라!'

과거 분석analysis이 지배적 이데올로기인 세상에서 과학은 정답만을 찾고, 공학은 해답만을 찾고, 인문학은 관념의 놀이터였다. 그러나 작금의 시대적 화두는 '낯선 것들의 연결'이다. 이미 곳곳에서 개별 장르를 망라하는 지식과 정보의 열린 음악회가 열리고 있다. 지식보다 상상력이 주목받는 시대에 우리가 나아가야 할 방향은 과감한 '개방'과 '연결'이다. 다양성을 채굴하는 최적의 방정식은 나이, 문화, 학문을 섞는 것이다.

특히 학문·산업·기술의 칸막이가 판판이 깨져나가는 초융합경제 시대에 기존의 마이크로한 '전공專攻'이란 단어는 별 의미가 없다. 실제로 2023 세계가전전시회CES에 다녀온 사람들은 이구동성으로 혁명적 융합기술이 여는 새로운 미래를 외치고 있다. 그러나 이 땅의 많은 전문가가 수없이 등장하는 새로운 융복합 이슈에 대해 여전히 "제 전공이 아닌데요"만 읊고 있다.

통섭형·융합형의 인재 4.0 시대

향후 펼쳐질 미래사회의 모습은 기존의 종적 세로사회에서 연결이 중시되는 횡적 가로사회의 색다른 그림이다. 기업들이 원하는 인재상 또한 크게 달라지고 있다. 최근 국내 기업의 인사관리 또한 깊이와 넓이를 겸비한 인재를 구하고 있다. 자칭 전문가라 칭하며 다른 분야와는 담을 쌓고 지내는 사람들로 이루어진 조직이 오픈형 디지털 대전환DX 시대에 성공할 리 만무하다는 것이다. 이와 관련해서 딥러닝의 대부, 요슈아 벤지오 교수의 말은 충격적이다. "깊고 좁게 알면 인공지능에 먹힌다."

기존 전문가 집단의 해체도 진행되고 있다. 이미 오래전부터 GE 등 선진기업들은 기존의 한 우물만 파온 종적 'I자형' 인재와는 다른 횡적 연결을 중시하는 'T자형' 인재를 중시해왔다. 그러나 작금에 부상하는 '인재 4.0'은 이를 훌쩍 뛰어넘는 통섭형·융합형 인재를 겨냥하고 있다. 특히 통섭에서 '섭攝' 자를 보면 귀耳가 3개나 달려 있어 그 의미가 매우 심장하다. 구체적으로는 좌우뇌 통합형, 상상력이 풍부하고 박식한 폴리매스Polymath, 브리꼴레르Bricoleur 등이 뜨고 있다. 이는 기존의 기능형이나 지식형 전문가 계층과는 확연히 다른 융합적 사고를 하는 새로운 인간형이다. 최근 새로운 돌파구로 '탈학습unlearning'이 강조되고 엉뚱한 괴짜geeks들이 뜨는 이유도 같은 맥락이다.

인공지능은 가능해도 인공지혜는 불가능하다

"인공지능으로서 당신이 가장 어려운 것은?"

인공지능에 직접 물어봤다. 돌아온 답은 '감정 이해'였다. 우선 인공지능과 인간의 가장 근본적 차이는 육체가 없다는 점이다. 따라서 첫눈에 반하는 가슴 떨리는 사랑의 감정(소름)은 물론 인간의 최종 블랙박스인 마음의 오묘한 차이를 느낄 수 없다. 특히 공감empathy을 불러일으키는 감성 세계는 인공지능이 접근 불가한 인간만의 고유 영토다. 미래에 감동, 감격, 감탄 등 깊은 심연의 바닥을 때리는 것들은 부르는 게 값이다. 인간지능의 1억 배 이상, 가공할 상대 앞에서 인간이 과소평가되는 경향은 있지만 과도한 불안은 절대 금기다. 지난 역사에서 "주판은 사라졌지만 수학은 남았다"라는 말을 되돌아보라. 특히 오랜 경험에서 발효된 안목과 지혜는 소멸시효가 없다. 결국 죽었다 깨도 절대 인간을 능가하거나 대체할 수 없는 부분은 분명히 존재한다는 거다. 요컨대 인공지능은 가능해도 인공지혜는 불가능하다.

이럴 때일수록 인간만이 가능한 대체 불가능한 일을 찾는 것이 지혜의 첩경이다. 일단 미래에도 읽기, 쓰기, 말하기는 여전히 중요할 것이다. 향후 본격적으로 펼쳐질 인공지능 시대에 인간의 생존 자격증은 획기적 창의성과 입체적 상상력이다. 이를 위해서는 늘 생각의 물구나무서기Out of Box와 같은 역발상 훈련, 긍정적으로 부정하는 영감 훈련 등이 필요하다. 원숭이가 아무리 진화해도 인간이

될 수 없듯이 인공지능이나 스마트 로봇은 결코 인간이 아니다. 오히려 최고급 하인을 부리는 주인의 몸값은 천정부지가 될 것이다.

흥미로운 것은 인간만이 가진 창조적 생각근육을 단련하는 일은 디지털적 접근보다는 아날로그적 접근이 훨씬 효과적이라는 점이다. 디지털은 분명 최첨단 수단이지만 핵심 콘텐츠는 결국 인간의 아날로그적 감수성에서 발현되는 것이기 때문이다. 세계적인 비즈니스 사상가 다니엘 핑크Daniel Pink 역시 "디지털 사회가 가속화되어 갈수록 오히려 예술적 상상력이 크게 주목받는 시대가 될 것이다"라고 주장했다. 여기서 상상想像이란 기존의 금기에 대한 도전이자 기분 좋은 반란이다. 이는 끊임없이 '새로운 다름'을 만들어내는 능력으로 검색과 사색을 넘어선 탐색의 세상이다. 모범생보다 모험생이 되어야 할 이유가 여기에 있다. 혹자는 '인공지능 로봇 사피엔스' 시대를 점치고 있기도 하다. 그러나 로봇은 아직 신발끈도 묶지 못한다. 사랑에 빠진 로봇을 보았는가.

두줄이 추구해온 창조는 '최초의 생각'이다

원래 하수는 길고 복잡하며, 고수는 짧고 단순한 법이다. 프랑스 작가 생텍쥐페리는 "완벽함이란 더 이상 더할 게 없는 상태가 아니라 더 이상 뺄 게 없는 상태다"라고 설파했다. 이는 애플이 첫 브로슈어 표지에 다빈치의 명언, "단순함은 궁극의 세련됨이다Simplicity is the ultimate sophistication"를 내세웠던 이유이기도 하다.

이 책은 지난 수년간 매주 「조선일보」에 큰 인기를 끌며 연재되고 있는 필자의 「두줄칼럼」 중 총 100개를 단행본 형식으로 묶고 수정, 보완, 편집한 것이다. 두줄칼럼은 일과 삶의 근본 원리를 비롯하여 리더십, 커뮤니케이션, 조직문화, 혁신 등 다양한 분야에 대한 인사이트, 아이디어 및 최신 트렌드 등을 불과 '두 줄'로 풀어낸 국내 최초의 독창적인 초미니 칼럼(부제: Think Audition)으로 지식과 사색의 아포리즘 결정체라 평가되고 있다. 내용은 주로 인문·경영·시사로 구성되어 있는 필자만의 언어적 파격과 역발상의 합금이다. "간결함은 지혜의 정수다"라는 셰익스피어의 말처럼 「두줄칼럼」의 생명력은 극도의 간결함에 있다. 그러나 길이는 짧지만 읽기에는 오래 걸린다는 것이 많은 독자들의 공통된 평가다(짧은 문장, 깊은 사색).

일단 전체 100개 꼭지를 관찰편·성찰편·통찰편으로 나누었다. 이 구분은 결국 관점觀點·perspective의 차이다. 관점이란 생각의 각도다. 일단 안에서 밖을 보면 관찰觀察이고 밖에서 안을 들여다보면 성찰省察이다. 이 둘을 넘나들면 통찰洞察이다. 그동안 두줄이 추구해

프롤로그 009

온 창조란 한마디로 '최초의 생각'이다.

그러나 새로운 생각대륙의 발견은 쉽게 이루어지는 것이 아니다. 이는 다른 사람들이 보는 것을 똑같이 보고도 아무도 생각하지 못한 것을 채굴해내야 하는 고난도의 언박싱unboxing 작업이다. 인공지능 시대 가장 중요한 것은 각자 '생각품질'을 높이고 자신만의 목소리를 내는 일이다. 이 책을 읽는 모든 독자가 인간만의 특별한 '영감 여행Inspirational Journey'을 떠나는 유쾌한 기분을 느끼게 될 것이다. 더불어 자신만의 유니크한 생각근육을 키우고 마음의 울림을 느끼게 될 것으로 믿는다.

베스트셀러 『생각의 차이가 일류를 만든다』 출시 이후 필자가 5년 만에 선보이는 이 소중한 책을 멋지게 만들어준 클라우드나인 안현주 대표와 편집팀 그리고 늘 최초의 독자가 되어준 사랑하는 아내에게 깊은 감사의 마음을 전하고 싶다.

수많은 밤을 하얗게 지새우며 피를 잉크로 찍어 쓴 「두줄칼럼」은 필자에겐 생각의 자식들이다. 모쪼록 이 책을 읽는 독자들이 흔히 맛볼 수 없던 신선한 자극을 통해 일과 삶에서 강한 자신감으로 충만해지길 기대한다. 나아가 위대한 인간정신의 최종 병기인 3력力, 즉 창의력·상상력·공감력의 새로운 지평을 여는 계기가 되기를 소망한다. 언제나 결론은 사람이다.

2023년 12월 어느 푸른 날 아침
일원동 서재에서 쓰다

| 목차 |

프롤로그 • 004
특별한 영감 여행으로의 초대

1
성찰편
REFLECTION

관점 • 019

세렌디피티 • 021

직과 업 • 023

난세의 심리학 • 025

포기와 집중 • 027

발사하고 조준하라 • 029

검색보다 사색이다 • 031

창조란 최초의 생각이다 • 033

의미와 재미 • 035

최고의 얼굴 • 037

인생 최고의 자격증 • 039

감사는 최고의 백신 • 041

100점짜리 단어 • 043

열정 • 045

겸손 • 047

먼저 벗이 되어라 • 049

사랑합니다 • 051

적금을 깨라 • 053

달변과 눌변 • 055

성공을 보는 눈 • 057

운도 실력이다 • 059

내공을 길러라 • 061

언품 • 063

인생 부등식 • 065

어깨에 힘을 빼라 • 067

작은 성공을 반복하라 • 069

실패학 개론 • 071

프로의 정석 • 073

인생의 복원력 • 075

사과의 기술 • 077

고수와 하수(1) • 079

천직 • 081

공부란 무엇인가 • 083

전성기 • 085

위대한 결핍 • 087

고수와 하수(2) • 089

진품의 향기 • 091

최고의 선물 • 093

마음 비우기 • 095

그치지 않는 비는 없다 • 097

2
관찰편
OBSERVATION

일류와 이류의 차이 • 101

단순한 것이 아름답다 • 103

비즈니스 다이어트 • 105

목표와 방향 • 107

살아 있는 비전 • 109

경영자의 등급 • 111

21세기 공감자본 • 113

직원 존중 • 115

위대한 질문 • 117

나무를 사지 말고 산을 사라 • 119

설득의 기술 • 121

경청의 지혜 • 123

유머의 위력 • 125

꼰대와 싸가지 • 127

언령 • 129

경영자의 착각 • 131

성공의 복수 • 133

후생가외 • 135

중요한 일을 먼저 하라 • 137

최고의 장군 • 139

고수와 하수(3) • 141

새로운 눈으로 인재를 보라 • 143

용인 • 145
리더는 위기에 빛난다 • 147
서비스의 본질 • 149
팀 • 151
협상의 기술 • 153
경영자의 유혹 • 155
기본으로 돌아가라 • 157
리더의 언어 • 159
상생 경영 • 161
윤리경영 • 163
기업가정신 • 165

3
통찰편
INSIGHT

화이트 스페이스 • 169
탈전공 시대 • 171
변곡점 • 173
지성의 시대 • 175
인공지능 삼국지 • 177
생각의 차이가 일류를 만든다 • 179
혁신 권하는 사회 • 181
가방끈과 전문가 • 183
콘텐츠 코리아 • 185

효 • 187

송무백열 • 189

염치 • 191

거짓말의 색깔 • 193

이판사판 • 195

전략적 사고 • 197

검은 코끼리 • 199

죽은 스승의 사회 • 201

법복 • 203

외선 • 205

용의 눈물 • 207

합격 • 209

국가 브랜드 • 211

고추와 와사비 • 213

교육혁명의 최전선 • 215

국가의 회복탄력성 • 217

시대적 선구안 • 219

전쟁과 평화 • 221

에필로그 • 222
위대한 사람들의 시대

1 성찰편

REFLECTION

"
관점은 생각의 각도다
관점을 이동하라
"

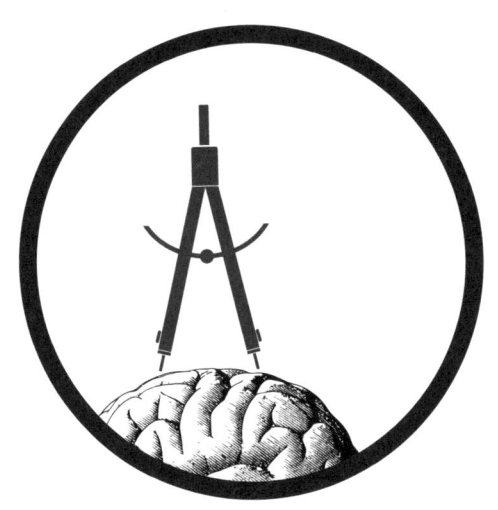

관점

 판다-원숭이-바나나 중에 두 가지를 묶어보라고 하면, 관계주의적 성향이 강한 우리나라 사람들의 대다수는 동물 조합 대신 원숭이-바나나를 선택한다고 한다.

 관점觀點perspective은 새로운 시대의 출입구다. 개인이건 국가건 역사적 대전환의 동력은 늘 관점의 이동, 즉 바라보는 생각을 바꾼 결과다. 발상의 전환도 관점 이동의 한 사례로 본질과의 결혼이자 익숙함과의 이혼이다. 사람은 아는 것만큼 보인다고 했던가. 따지고 보면 정상이란 말보다 비정상인 말은 없다. 뭐든지 거꾸로 보는 시각을 길러야 할 수많은 필요가 있다.

 "망치를 든 자에겐 모든 게 못으로 보인다." 촌철살인마 마크 트웨인Mark Twain의 말이다.

"
우연히 다가오는 행운은 없다
운이란 준비와 기회의 만남이다
"

세렌디피티

사람들은 좋은 일이 생기면 그저 운運이 좋았다고 말한다. 겸손한 정답이긴 하지만 뭔가 2% 부족한 표현이다. 이럴 때 세계적 고수들은 하나같이 '전혀 생각지도 못한 행운', 즉 '세렌디피티Serendipity'라고 한다. 이 용어는 영국 작가 호러스 월폴Horace Walpole이 1754년에 쓴 『세렌딥의 세 왕자』라는 우화에서 유래한다. 원래 뜻밖의 예기치 않은 발견이나 발명을 의미하던 세렌디피티는 이후 과학, 혁신, IT 분야에서도 많이 쓰이는 용어가 되었다.

농구 용어 중에 '버저 비터Buzzer beater'는 경기종료를 알리는 버저 소리와 함께 성공된 기적의 골을 가리킨다. 이 버저 비터의 귀재가 바로 NBA 스타 마이클 조던이나 매직 존슨이다. 화려한 무대 뒤에 숨겨진 그들의 뼈를 깎는 노력의 산물이었음은 물론이다. 그러나 이를 두고 우연한 행운으로 치부하는 사람들도 많다. 그런 사람은 인생에서 긍정 파워의 위력을 몰라도 한참 모르는 하수다.

다음과 같은 기회가 온다면 이 말은 아낄 이유가 없다.
"오늘 당신을 만난 것이야말로 내 인생의 세렌디피티입니다."

> **업으로 가면 직을 얻는다**
> **직으로 가면 업을 잃는다**

직과 업

직업이란 직職과 업業이 결합된 말이다. '업'이란 내가 이 세상에 온 이유이자 하늘이 내린 사명이다. '기업企業'이란 업을 만들어낸다는 뜻이다. 사람들에게 일과 월급을 주어 가족을 부양케 하는 것은 하늘이 할 일을 대신하는 성스러운 일이다. 이 땅에 수많은 중소 창업자들에게 깊은 감사와 경의를 표해야 하는 이유다.

반면에 '직'이란 잡$_{job}$이고 타이틀이고 명함이다. 직장에 다닌다고 업이 생기는 건 아니다. 일자리를 원한다고는 하지만 일은 안 하고 자리에만 침을 흘리는 사람도 많다. 업을 찾는 일은 내 인생의 보물찾기다. 내가 좋아하고, 잘할 수 있는 일을 일찍 발견하는 것이야말로 인생의 최우선 핵심 과제다.

중요한 것은 "업으로 가면 직을 얻고 직으로 가면 업을 잃는다"는 점이다.

"
사회가 어려울수록 내겐 기회다
다 잘나간다면 내게 무슨 기회가 있겠는가
"

난세의 심리학

태평성대는 강자의 지옥이고, 난세는 약자의 지옥이라고 한다. 태평성대에 영웅이 나온다는 이야긴 들어본 적이 없다. 다 잘나가는데 내게 무슨 기회가 생길 리 없기 때문이다. 이 말을 뒤집어 보면 틈틈이 내공을 길러온 사람에겐 난세야말로 자신의 진가를 보여줄 절호의 기회다. "난세에 영웅이 나온다"라는 말이 생겨난 이유다.

기업경영의 실패사례 및 불황에 견딜 수 있는 지혜를 모아 학문적 경지로 승화시켜온 나라는 일본이다. 잘 준비된 기업에겐 불황이 역설적으로 회심의 찬스인 것처럼 난세는 자신만의 내공을 기를 수 있는 좋은 기회다. 이제는 사법고시도 없어지면서 개천도 없고 용은 더더욱 없다. 결국 난세에 가장 필요한 비밀병기는 바로 획기적인 역발상이다. 우리 사회 각 분야에 걸쳐 수많은 소영웅의 출현을 기대해본다.

> **선택이란 고난도의 포기 행위다
> 포기한 자만이 집중할 수 있다**

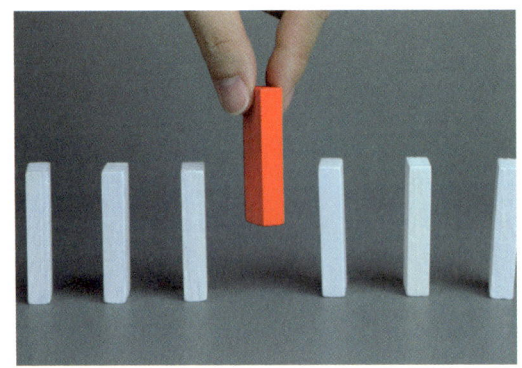

포기와 집중

국내 경영 현장에선 '선택과 집중'이란 말이 크게 유행이다. 그러나 전문가 입장에서 보면 일응 '포기와 집중'이 타당하다. 우리 말에 "죽도 밥도 안 된다"라는 것은 실로 의미심장하다. 꽃들도 화려하면 향기가 없고 향기가 강하면 볼품이 없다. 주위를 보면 남보다 못하는 일을 열심히 하며 살아가는 사람들이 의외로 많다. 특히 우리나라는 '전과목 평균'이라는 해괴한 논리를 들이밀며 어느 한 분야에 특출한 어린 천재들을 죄다 죽여 왔다.

세계적 고수들의 핵심 메시지는 안 되는 것을 부여잡고 평균 수준으로 끌어올리려 애쓰지 말고, 자신만의 정기를 더욱 발전시켜 남이 감히 넘볼 수 없게 만들어 나가라는 것이다. 경영학 이론상으로도 전략이란 "무엇을 할 것인가가 아니라 무엇을 포기하고 버릴 것인가"의 문제다. 과연 인생은 과감한 포기와 결단의 함수다.

"
먼저 쏘고 나중에 맞혀라
벌리고 수습하라
"

발사하고 조준하라

사선에선 조준이 정확해야 과녁을 맞출 수 있다. 그러나 인생이란 사격장에선 그러다간 한 발도 못 쏘고 내려오기 십상이다. 평생 조준만 하다 죽은 사람들도 부지기수다. 이는 실패를 자산으로 보지 않는 고약한 사회 분위기 탓에 실패하면 끝장이라는 심리가 만연한 결과다.

실제 살아가다 보면 계획대로 되는 일은 거의 없다. 현대 기업경영에서도 계획보다 전략이고, 전략보다 실행이다. 일찍이 세계적 경영 구루인 톰 피터스Tom Peters도 글로벌 시장에서 기업들은 '준비Ready→발사Fire→조준Aim'의 순서로 경영해야만 살아남을 수 있다고 했다.

선즉제인先則制人. 지금 시대에 시작은 반(50)이 아니라 90이다. 심각한 표정은 버리고 그냥 발사하라. 과녁은 나중에 옮겨도 늦지 않다. "문을 나서면 여행의 가장 어려운 관문은 지난 셈이다." 네덜란드 속담이다.

> **검색이 서 말이라도 꿰어야 보배다**
> **진정한 사유는 고독을 먹고 자란다**

검색보다 사색이다

대한민국 구석구석에 저 푸른 하늘 대신 코를 박고 휴대폰만 쳐다보는 검색의 고수들이 넘쳐난다. 이는 자신의 뇌를 아웃소싱하는 결과를 초래하여 일종의 고급 바보로 전락할 가능성이 농후하다. 너도나도 스마트폰을 들고 다니지만 진짜 스마트한 사람은 찾기 어려운 이유다. 세계 최고로 창의적인 민족의 원형질이 어느덧 손가락에 의존하는 검색의 노예가 되어가고 선현들의 사색의 향기는 사라지고 있다.

검색이 구슬이라면 사색은 목걸이다. 우리 사회에 메신저 돌풍을 일으킨 카톡 창업자조차 "인터넷 검색은 독서를 대신할 수 없다"라고 단언한다. 워렌 버핏 또한 "독서를 이기는 것은 없다"고 했다.

세상의 모든 리더leader는 리더reader다.

최고도 깨지고 최대도 깨진다

그러나 최초는 영원하다

창조란 최초의 생각이다

요즘은 온 세상이 창조 열풍이다. 본격적인 인공지능AI 시대에 인간의 생존자격증은 바로 창의력이기 때문이다. 알고 보면 정치도, 기업의 혁신도 창조의 일종으로 유쾌한 반란이자 기분 좋은 파괴다. 언젠가는 최고 기록도 깨지고 최대 기록도 깨진다. 그러나 최초는 영원하다.

결국 창조란 한마디로 '최초의 생각'이다. 이를 위해선 항상 'Think out of box', 예컨대 생각의 물구나무서기와 같은 역발상, 긍정적으로 부정하는 영감훈련 등을 통해 나만의 유니크한 생각근육을 길러야 한다. 리더의 최종 역할은 무엇이 납인지 고르는 것이 아니라 더 나은 답을 창조하는 것이기 때문이다.

최초로 잉태된 '새로운 다름'이 온 세상을 바꿀 것이다. "창조성은 전염되는 것이다." 아인슈타인의 말이다.

> 의미가 있으면 재미가 없고, 재미가 있으면 의미가 없다
> **두 가지가 결합해야 대박이 난다**

의미와 재미

짧은 인생의 두 가지 축은 '의미'와 '재미'다. 이 두 가지가 결합하면 당할 자가 없다. 그러나 한국인이 세계 최고로 잘하는 건 의미 있는 일을 재미없게 하는 것이다. 가정, 학교는 물론이고 국내 어느 직장을 가 봐도 의미는 있는데 재미가 없다. 특히 회의실에 들어가면 누구나 회의적인 얼굴이 된다. 이런 분위기에서 창조는 커녕 생산성조차 기대 난망이다.

일찍이 월트 디즈니는 불가능을 가능케 하는 유일한 방법은 '재미'라고 외쳤다. 감정노동 위주의 서비스업에서 재미의 위력은 더욱 강력하다. '펀fun 경영'으로 유명한 사우스웨스트항공SWA 창업자 허브 켈러허Herb Kelleher 회장은 "재미 없는 직장은 사표를 써라"고 잘라 말했다. 재미는 한마디로 놀라움을 수반한 즐거움이다. 재미는 즐거움을 잉태하고, 즐거움은 놀랄만한 성과로 보답한다. "재미있지 않으면 인생은 비극이다." 세계적인 천재 물리학자 스티븐 호킹의 말이다.

> 나이는 속여도 얼굴은 속일 수 없다
> 얼굴은 그 삶의 핵심 증거다

최고의 얼굴

우리는 가끔 "얼이 빠졌다"는 표현을 쓴다. 얼간이, 어리석은 등도 얼Soul과 관련된 말이다. 얼굴이란 얼을 담는 그릇으로 한마디로 그 사람의 영혼의 모습이다. 무려 7,000가지의 표정을 지을 수 있다는 인간의 얼굴에는 포커 페이스Pokerface, 철면피Brazenface 등 여러 가지 종류가 있다. 중국에는 아예 낯 두꺼운 뻔뻔함面厚과 마음이 검고 음흉함心黑으로 상징되는 '후흑학厚黑學'이란 분야도 있다. 선조들은 표정, 즉 낯빛은 늘 온화하게 가져야 한다고 가르쳤다. 『소학小學』에서 제시한 아홉 가지 바른 생각 중 '색사온色思溫'이 그것이다.

결국 얼굴은 그 사람이 살아온 전 삶의 핵심 증거라 속일 수가 없다. 따라서 우리가 먹는 것 중에 제일 잘 먹어야 하는 게 바로 나이다. "스무 살의 얼굴은 자연의 선물이고, 쉰 살의 얼굴은 당신의 공적이다." 세계적 디자이너 코코 샤넬이 남긴 말이다.

옳은 말을 기분 좋게 하라
당할 자가 없다

인생 최고의 자격증

조직에서 많은 사람이 힘들어하는 것은 업무가 아니라 다른 사람과의 관계라고 대답한다. 대화 방식을 기준으로 보면 네 가지 타입이 있다. 첫째, 말도 안 되는 이야기를 기분 나쁘게 하는 유형이다. 이런 사람들은 뭐 하나 되는 게 없다. 둘째, 말도 안 되는 것을 기분 좋게 말하는 유형이다. 주로 간신이나 혈액형이 아부형인 사람들이다. 셋째, 지식인층에서도 자주 볼 수 있는데 옳은 이야기를 기분 나쁘게 하는 유형이다.

필자가 살면서 밝혀낸 대화의 황금 법칙은 의외로 단순하다.

그것은 한마디로 "옳은 말을 기분 좋게 하라"는 것이다.

> 금메달과 동메달의 눈물은 다르다
>
> 감동을 이기는 게 감사다

감사는 최고의 백신

세상에서 가장 아름다운 단어는 '어머니Mother'이고, 가장 아름다운 말은 '감사합니다'라고 한다. 어원상 감사하다thank와 생각하다think는 그 뿌리가 같다. 감사는 과학적 실체로 최고의 백신이자 인생 최강의 면역체계다. 서양에선 "행복은 언제나 감사의 문으로 들어와서 불평의 문으로 나간다"고 한다. 감사할 줄 모른다고 벌할 수는 없지만, 감사를 모르는 삶 자체가 형벌인 셈이다.

실제로 올림픽 입상 선수들의 만족도를 조사해 본 결과, 금메달리스트보다 더 높은 만족도를 느낀 사람은 동메달리스트였다고 한다. 금메달에 감격이 있다면 동메달에는 감사가 있다. 아미 천 길 낭떠러지로 떨어지다 살아 돌아온 사람의 심경이리라.

감동을 이기는 게 감사다.

"

기술은 가르칠 수 있다
태도는 가르칠 수 없다

"

100점짜리 단어

인생이란 능력才과 태도德의 함수다. 중요한 건 이게 덧셈(+)이 아니라 곱셈(×)이란 사실이다. 제아무리 능력이 뛰어나도 태도가 나쁘면 빵점이다. 나쁜 태도는 펑크 난 타이어와 같다. 국내 대기업 면접 현장에서 가장 많이 나오는 단어 또한 인성人性이다. 영어로 태도attitude와 소질aptitude은 비록 한 글자 차이지만 이 둘은 전혀 다른 차원이다. 사람의 능력은 교육을 통해 향상시킬 수 있지만 태도는 가르칠 수 없기 때문이다. 미국 사우스웨스트항공SWA의 창업자인 허브 켈러허 회장은 생전에 "기술은 가르칠 수 있지만 태도는 가르칠 수 없다"고 잘라 말했다.

성격은 얼굴에서, 감정은 음성에서 그리고 본심은 태도에서 드러난다고 한다. 특히 실패한 후의 태도는 그다음을 결정하는 거름이 된다. "태도는 큰 차이를 만드는 작은 것이다." 윈스턴 처칠의 말이다.

> **열정은 정신의 나이테다**
>
> **열정이 없다면 젊어도 노인이다**

열정

　남녀 주인공의 피렌체 대성당Duomo의 숨 막히는 재회 장면으로 유명한 「냉정과 열정 사이」란 일본 영화가 있다. 누구나 한때 인생의 온탕·냉탕을 왔다 갔다 하다 드러누워 본 경험이 있을 것이다. 흥미로운 사실은 외면적으론 차갑게 보이는 사람일수록 속으로는 뜨거운 열정熱情의 꽃을 피우고 싶어 한다는 점이다.

　열정passion의 어원은 '고통'이다. 10세기 라틴어 어원passionem은 십자가에 매달린 예수의 육체적 고통을 의미했다. 열정이란 고통의 장작더미 위에서만 타오르는 마음의 불꽃이며, 그 자체로 치열한 자기 도전이다. 조직이론상 리더의 소선에서도 빠지지 않고 등장하는 것이 열정이다. 역시 머리는 냉정, 가슴은 열정이다. "가장 깊은 아픔을 겪었을 때 음악이 탄생하죠." 세계적 권위를 가진 반 클라이번 콩쿠르 최연소 우승자, 임윤찬 군의 수상 소감이다.

"
고개를 숙인다고 겸손은 아니다

겸손은 머리의 각도가 아니라 마음의 각도다
"

겸손

감사가 하늘을 만나는 방법이라면 겸손은 사람을 만나는 방법이다. 동서고금을 막론하고 최고의 처세는 역시 겸손謙遜이다. 그러나 습관성 고개 숙이기는 일종의 가면이다. 특히 90도 폴더 인사는 배신의 예비동작으로 보면 거의 틀림이 없다. 진정한 겸손은 깊은 자신감에서 나오는 법이다. 빈 그릇이 고개를 숙이는 건 겸손이 아니라 비굴이다. 겸손이란 결국 내 위치를 자각하는 동시에 상대의 존귀함을 깨닫는 일이다. 깊이 보면 겸손의 반대는 교만이 아니라 무지다.

18세기 영국 소설가 제인 오스틴Jane Austen은 "편견은 내가 다른 사람을 사랑하지 못하게 하고, 오만은 다른 사람이 나를 사랑할 수 없게 만든다"라고 썼다. 정작 겸손의 핵심은 나를 낮추기보다는 상대를 높이는 데 있다. 중요한 건 진짜 고수는 힘이 있을 때 겸손한 사람이라는 점이다.

> 성공은 친구를 만들고 역경은 친구를 시험한다
>
> 어려울 때 친구가 진짜다

먼저 벗이 되어라

외롭고 힘든 인생길에서 따뜻하고 정겨운 우정보다 소중한 것은 없다. 어쩌면 가족보다 더 가까운 사이가 친구다. "부모 팔아 친구 산다"는 속담이 있을 정도다. 대개 한국은 친구親舊, 중국은 펑유朋友, 일본은 도모다치友達를 쓴다.

벗은 수보다 그 깊이가 중요하다. 살아보니 진정한 친구가 단 한 명이라도 있다면 성공한 인생이라는 생각도 든다. 아리스토텔레스는 "불행은 누가 친구가 아닌지를 보여준다"고 했다. 그 사람의 미래를 알고 싶으면 사귀는 벗을 보라고도 했다. 결국 내게 친구가 없는 이유는 내가 그의 친구가 되어주지 않았기 때문이다. 역시 친구는 어려울 때 힘이 되어주는 친구가 진짜다.

당신은 진정 친구가 힘들 때 우산을 같이 쓰고 있는가?

"

사랑은 저축하지 말라
더 늦기 전에 꽃을 보내라

"

사랑합니다

유품을 정리하다 보면 사람들은 대개 제일 좋은 것은 써보지도 못한 채 죽는다고 한다. 어른들이 늘 "아끼다 똥 된다"라고 했던 이유다. 서양에도 "다 쓰고 죽어라 Die broke"는 말이 있다. 『탈무드』는 "좋은 항아리를 가지고 있다면 오늘 사용하라. 내일이면 깨져버릴지도 모른다"라고 가르친다. 과연 인생에서 가장 중요한 시간은 지금 now이고 가장 중요한 곳은 바로 여기 here다. 이 두 가지를 합치면 'Nowhere'가 된다. 한 치 앞도 모르는 게 인생이고, 어디로 갈지 모르는 게 인생길이다.

인생에서 잘나가는 시기는 그리 오래 가시 않는 법이다. 막상 건장을 떼면 그다음엔 추운 바람이 뼛속까지 스며든다. 쉽게 말해 "있을 때 잘해"라는 거다.

오늘 사랑한다고 말하라. 너무 늦기 전에 꽃을 보내라!

> 적금보다 적선이다
> 거지도 환대하라

적금을 깨라

인생을 제대로 펼쳐보기도 전에 '노후 대비는 젊을 때부터'란 우아한 사기에 넘어가 돈부터 모으려 드는 헛똑똑이book-smart가 적지 않다. 젊음이란 그 자체로 강력한 보험이다. 젊은 시절부터 모아야 할 건 '돈金'이 아니라 '선善'이다. 젊어서 자신을 비싸게 만든 사람이 돈 걱정하는 건 본 적이 없다.

'적선積善'은 좋은 운이 들어오게 하는 첫 번째 프로세스다. 자기 집도 그리 넉넉지 못한데 지나가는 거지도 환대한 할머니의 음덕이 손자에게 미치는 것은 일종의 과학이다. 적선여경積善餘慶, 즉 "선을 쌓은 집에는 반드시 경사가 있다"는 건 『주역』의 가르침이다. 속담에 "남향집에 살려면 3대가 적선해야 한다"는 말이 있듯이, 조상과 더불어 본인의 공덕이 쌓여야 가문에 빛이 들어온다는 것은 인생살이의 최고 덕목이 아닐 수 없다. 반대로 악행을 일삼아온 집안에는 후손들이 연이어 요절하는 등 반드시 재앙이 닥치는 법이다.

> **말 잘하는 게 중요한 것이 아니다
> 잘 말하는 게 중요하다**

달변과 눌변

사람은 크게 두 가지로 나눌 수 있다. 말이 통하는 사람과 말이 안 통하는 사람이다. 보통 소통의 고수는 말을 잘하는 사람이라 생각하기 쉽다. 그러나 언행의 신뢰를 중시하는 우리 사회에서 달변가는 입만 번지르르하다고 하여 약장수라고 불리기 십상이다. 따라서 달변達辯보다 오히려 눌변訥辯이 더 설득력이 있을 수 있다. 일찍이 노자가 언급한 '대변약눌大辯若訥', 즉 "큰 웅변은 오히려 더듬는 듯하다"라는 말의 의미가 그것이다.

비즈니스에서도 진짜 필요한 것은 화술이 아니라 스토리를 이끌어가는 힘이다. 무엇보다 쉽고 단순하게 핵심을 말해야 한다.

첫째, 결론부터 이야기하라.

둘째, 내가 하고 싶은 말이 아니라 상대방이 듣고 싶어 하는 이야기를 하라.

> **성공보다 성장이다
> 성장보다 성숙이다**

성공을 보는 눈

성공이라는 뜨거운 가마솥에 뛰어들어 피 같은 청춘을 날리거나 회한의 인생을 마친 사람들이 너무나 많다. 이는 물질만능주의 속에서 부모들마저 '인성보다 성공'을 외쳐온 탓이 크다. 따지고 보면 성공이란 것도 프레임의 하나다. 가장 큰 오해는 '성공은 성공한 사람들만의 이야기'라는 생각이다.

무엇보다 성공의 반대는 실패가 아님을 알아야 한다. 특히 '성공'에서 '성장'으로 한 글자만 바꾸면 인생은 전혀 다른 길로 나를 인도한다. 어제보다 오늘 발전했으면 그것이 곧 성공이라고 생각하는 성공 개념의 부드러운 대전환을 권유해본다.

"진정한 고귀함은 이전의 나보다 우월한 것이다." 헤밍웨이의 말이다.

> **운은 버스와 같다
> 준비되지 않은 사람은 탈 수가 없다**

운도 실력이다

인생은 운運과의 함수다. 노련한 사업가나 노름판 타짜도 하나같이 운이 안 따라주면 한 방에 갈 수 있다고 고백한다. 흔히 승부는 '운칠기삼運七技三'이라고 한다. 경마에는 '마칠기삼馬七騎三'이 있다. 요컨대, 사람의 재주가 30이면 하늘의 운세가 70인 구조다.

'운'을 거꾸로 쓰면 '공'이 되듯이 공을 쌓으면 운이 따르게 되는 게 원리가 아닌가 한다. 운을 '도덕과학'이라 평가하는 이유다. 문제는 준비가 되어 있어야 하늘의 운을 받을 수 있다는 점이다. 만약 내공 없이 대운을 받게 되면 내 작은 그릇은 감당하지 못하고 깨져버릴 것이다. 실패자들이 내뱉는 변명의 대부분은 자신의 실력은 충분했는데 운이 나빴다는 거다. 그러나 이런 원리를 놓고 보면 진정 운도 실력의 일부라는 것을 깨닫게 된다.

"운명은 용기 있는 자에겐 약하고, 비겁한 자에겐 강하다." 네로 황제의 스승이었던 철학자 세네카Seneca의 말이다.

경험은 최고의 스승이다
내공이란 나와 다름을 이해하는 힘이다

내공을 길러라

술 한잔해보면 산전, 수전 나아가 공중전까지 섭렵해온 사람들은 너무나 많다. 각자 중원의 무협지 한 편이다. 역사history란 그 사람의his 이야기story란 풀이가 그럴듯하다. 외공이 근육이라면 내공內功은 정신이다. 특히 젊은 날의 고난은 인생의 보약이다. 내공은 치열한 담금질을 통해 얻게 된 삶의 맷집이자 경험의 저수지다. 내공의 진면목은 위기에 저절로 드러난다. 내공이 부족하면 표정이 심각하고 말이 번잡해진다.

일단 주위에 자신과 비슷한 사람이 많은 건 하수다. 나와 전혀 다른 사람을 많이 겪어내야 내공이 세진다. 이 난계가 시나아 미소 '화이부동和而不同'의 세계가 열린다.

"
말은 생각의 외출복이다
언어 수준이 그 사람의 수준이다
"

언품

요즘은 언어의 설사 시대다. 악플에선 이미 세계를 제패한 한국이다. 값싼 말cheap talk은 그나마 양반이다. 듣도 보도 못한 비속어, 합성어들로 온 사회가 오염되고 있다. 보통은 생각이 언어를 타락시키지만 언어도 생각을 타락시킨다. 물건에는 품질이 있고, 사람에겐 인품이 있듯이 말에는 '언품言品'이 있다.

알고 보면 내가 한 말을 처음 듣는 사람은 바로 나 자신이다. 특히 말은 운運을 모는 운전기사이고, 입은 화禍가 들어오는 출입구다. 곰은 쓸개 때문에 죽고, 사람은 혀 때문에 죽는다고 했다.

"거친 말을 쓰지 말라. 그것은 반드시 너에게 되돌아온다." 『법구경』의 말씀이다.

머리는 태도를 이길 수 없다
운수는 인복을 이길 수 없다

인생 부등식

우리 삶에 정답은 없지만 해답은 있다. 먼저 깨달아야 할 것은 머리 좋은[재·才] 사람은 태도 좋은[덕·德] 사람을 이길 수 없다는 것이다. 그러나 아무리 태도나 습관이 좋은 사람도 운運 앞에선 소용이 없는 법이다. 노련한 사업가들은 하나같이 운이 안 따라주면 큰 사업도 한순간이라 고백한다. 노름판 타짜들도 여기에 대해선 이견이 없다.

그러나 이 모든 것이 따라줘도 복福 있는 사람에겐 당할 수가 없고, 복이 있어도 오래 사는[수·壽] 이를 능가하지 못한다고 하니 세상 이치는 알면 알수록 기묘할 따름이다. 특히 최고의 복은 '인복人福'이다.

과연 인생은 높이나 깊이가 아니라 부피란 생각이 든다.

지금 당신 옆엔 누가 있는가.

> 사막에서 탈출하려면 바퀴 바람을 빼야 한다
>
> 인생은 힘 빼기 시합이다

어깨에 힘을 빼라

　기업경영과 가장 일맥상통한 스포츠 종목은 골프다. 골프에는 리더십, 커뮤니케이션, 위험관리, 성과관리 등등 없는 게 없다. 골프 잘 치는 비결은 네 글자로 '천고마비(천천히 고개를 들고 마음을 비워라)'라고 한다. 특히 어깨에 힘이 들어가는 순간 인생이건 골프건 망가지게 돼 있다. 골프에서 힘 빼는 걸 배우는 데만 보통 10년이 걸린다고들 한다.

　갯벌에서 쑥 하고 발이 빠질 때의 공포감은 빠져 본 사람만이 안다. 그러나 힘을 주면 줄수록 더욱 빠져들게 되는 것이 갯벌이다. 사막에서 차가 모래에 빠지면 살아나올 수 있는 유일한 방법은 바퀴에서 바람을 빼는 것이다.

　광활한 자연 앞에선 역시 부드럽고 겸허해질 필요가 있다. 이러한 지혜는 인생이나 경영이나 마찬가지다.

> **성공도 일종의 습관이다**
> **쉬운 것부터 시작하라**

작은 성공을 반복하라

국내 직장인들이 가장 듣기 싫어하는 말은 "기본이 안 돼 있다"는 말이라고 한다. 일본인들은 그 사람을 알고 싶으면 인사와 청소, 두 가지만 시켜보면 된다고 한다. 캐나다 토론토대 심리학과 조던 피터슨Jordon Peterson 교수는 "세상을 탓하기 전에 네 방부터 정리하라"고 일갈한다. 그 어떤 높은 이상도 땅에서부터 시작해야 하는 법이다.

알고 보면 성공도 일종의 습관이다. 『예기禮記』에선 크고 복잡한 것을 해결하고 싶으면 작고 단순한 것부터 시작하라고 가르치고 있다. 쓰레기 분리수거도 제대로 안 지키는 인간이 북극곰이 줄어든다고 걱정을 한다.

"기본기에 미쳐라." 전설적인 미국 미시간대 풋볼 감독인 보 스켐베클러Bo Schembechler의 말이다.

"
실패와 혁신은 일란성 쌍둥이다
실패는 자산이다
"

실패학 개론

실리콘밸리는 성공이 아닌 실패의 요람이다. 세계 최강 아마존의 창업자 제프 베이조스Jeff Bezos는 초기 주주들에게 보낸 편지에서 "나는 아마존을 가장 편하게 실패하는 회사로 만들고자 합니다"라고 적었다. 그러나 실패를 자산으로 봐주지 않는 이 땅의 척박한 토양은 청년들의 도전에 적지 않은 장애물이다.

성공이 운運이라면 실패는 도道이다. 무엇보다 사람은 실패를 통해 자신의 약점을 알게 된다. 화려한 학벌이나 고급 스펙을 가진 이들이 오히려 무능한 이유는 실패에서 진짜를 배울 기회가 없었기 때문이다. 성공하기 위해서는 실패를 알아야 한다. 결국 성공이란 실패의 변형된 모습이기 때문이다.

"실패란 결과를 성취하지 못한 것이 아니라, 내가 원하는 것을 시도하지 않은 것이다." 연예인 보정속옷으로 유명한 스팽스Spanx 설립자, 사라 블레이클리Sara Blakely의 말이다.

> **정석을 배워라**
>
> **정석을 버려라**

프로의 정석

인류 최고의 두뇌게임은 바둑이다. 바둑판 19×19줄 위에서 벌어지는 경우의 수는 무한대에 가깝다. 그러나 여기서 정석定石을 모르고 달려들면 백전백패다. 프로에 입문한 기사치고 정석을 모르는 사람은 단 한 명도 없다. 그렇다고 정석대로 두는 프로도 한 명도 없다. "음악을 창조하려면 기존 법칙을 몽땅 잊어야 한다"라고 했던 음악의 여제女帝, 나디아 블랑제Nadia Boulanger의 말을 상기해보라.

소위 매뉴얼이란 아마추어의 전유물이다. 각 분야에서 프로란 사람들을 보면 결코 논리적인 사람이 아니다. 논리와 합리만 가지고는 감동을 이루어낼 수 없다. 논리는 기본이다. 논리를 넘어서는 무언가가 없으면 상대는 감동하지 않는다. 이것이 어렵다.

> **고통과 결핍이 걸작을 만든다**
> **불가마에서 도자기가 나온다**

인생의 복원력

올드팝 명곡 중에 「테네시 월츠」는 친구에게 애인을 빼앗긴 여자의 가슴이 찢어지는heartbreaking 스토리를 담은 곡이다. 더 극심한 마음의 고통을 표현할 때는 '애끊는[단장斷腸]'이라고 한다. 역경은 아프고 견디기 힘든 인생의 철조망 통과다. 그러나 인간은 참으로 신비한 존재라서 역경 없이는 크게 성장하지 못한다고 한다. 성공한 사람들에게 가장 높게 나타난 것 또한 지능지수IQ, 감성지수EQ가 아닌 '역경지수AQ'다. 배의 복원력이 평형수라면, 인생의 복원력은 역경지수인 셈이다.

무릇 고난과 결핍이 축복이란 건 인생 최고의 역설이다. 친적이 있는 동물이 생존에도 강하며, 혹한을 거친 뒤에야 피는 식물의 춘화春化 현상도 같은 차원이다. "땅이 비옥하면 사람들은 나약해진다. 좋은 과일과 좋은 군인을 동시에 배출한 땅은 없다." 그리스 역사가 헤로도토스의 말이다.

> **올바른 사과는 역전의 최고급 스킬이다**
>
> **핵심은 진정성과 공감이다**

사과의 기술

한국인들은 먼저 사과하게 되면 마치 자기만 잘못을 인정하는 꼴이 된다는 강박관념을 갖고 있다. 그러나 훌륭한 사과는 오히려 이전보다 관계를 더욱 발전시키는 강력한 성능의 윤활유 역할을 한다.

설득이 주로 언어의 문제라면 사과는 마음의 문제다. 일단 사과의 3원칙은 'CAT' 즉, 내용Content, 태도Attitude, 타이밍Timing이다. 우리가 보통 쓰는 'Sorry'의 어원은 아픔이나 상처를 뜻하는 'sore'에서 유래됐는데 "당신을 아프게 해서 나도 아프다"는 의미이며, 정식 사과용어는 'Apology'이다. 사과학 이론상 프로세스의 마지막은 진심으로 용서verzeihung를 구하는 것이다. 특히 자신의 실체는 붕 떠서 말하는 유체이탈 화법은 불에 기름을 붓는 격이다.

"미래의 올바른 행동은 과거의 악행에 대한 최고의 사과다." 미국 여배우 로빈 퀴버스의 말이다.

> **하수는 어렵고 복잡하다
> 고수는 쉽고 단순하다**

고수와 하수(1)

 모든 역사를 통해 단순함은 복잡함을 이겨왔다. 동양의 선禪에 푹 빠졌던 잡스의 애플을 비롯해서 이케아IKEA, 무지MUJI가 그랬고 오래된 유행가 가사가 그랬다. 초대박 신제품은 늘 조작이 쉽고 단순한 것이라는 사실은 놀라운 일이 아니다. 단순함simplicity이란 결국 쓸데없는 이것저것 다 떼고 난 후 만나게 되는 본질이란 강력한 세계다.

 그에 비해 소위 먹물 계층은 말이나 글이 대개 어렵고 복잡하다. 가장 중요한 재미는 아예 기대 난망이다. 아인슈타인은 "간단하게 설명할 수 없다면 충분히 아는 것이 아니다"라고 했다.

 결국 진짜 고수의 세 가지 특징은 가장 쉽게 말하고, 복잡한 것을 단순하게 처리하고, 엄청 재미있는 사람이다.

> **전직보다 현직이다**
>
> **현직보다 천직이다**

천직

인생은 길고 현직은 짧다. 흥미로운 것은 미국 직업상담학 이론에 따르면, 인생에서 가장 중요한 문제 중 하나인 직업 선택이 자신의 능력이나 적성보다는 대부분 예상치 못한 사건과 경험에 의해 결정된다고 하는 점이다. 실제로 초기 미국 이민자의 직업은 대부분 처음 공항에 마중 나온 지인의 직업에 따라 결정됐다고 한다. 미국 직업상담학의 대가인 존 크롬볼츠John Krumboltz 교수는 "청년기인 18세 때 계획했던 일에 종사하고 있는 성인은 2%에 불과하다"고 했다. 이른바 '계획된 우연Planned Happenstance' 이론이다.

자신이 이 별에 온 이유인 업業을 증명하는 직職을 갖는 것은 큰 행운이다. 특히 전직과 현직을 칼같이 구별해내는 우리 사회의 영악한 분별력은 당해 본 사람만 안다. 무엇보다 천직天職에는 정년이 없다.

"인생에서 제일 중요한 두 날은 태어난 날과 태어난 이유를 깨닫는 날이다." 불행했던 천재 소설가 마크 트웨인의 말이다.

"
공부란 즐거운 고생이다
우선 나를 공부하라
"

공부란 무엇인가

"롱런long run하려면 롱런long learn해야 한다"고 한다. 특히 이런 격변의 시대엔 계속 배워야 산다. 배움의 세 가지 기둥은 많이 보고, 많이 공부하고, 많이 겪는 것이다. '공부工夫'란 세상에 대한 올바른 인식과 자기 성찰이다. 『논어論語』의 '위기지학爲己之學'도 같은 차원으로 자신과 세상을 변화시키는 가장 확실한 길임을 제시하고 있다. 결국 공부란 나답게 살아가는 삶이 가장 아름답고 행복한 길임을 증명하는 최선의 방법이다.

중요한 건 공부란 즐거워야 한다는 점이다. 알고 보면 최고의 공부는 놀이다. 그러나 대부분의 한국인 머릿속에는 "공부는 지겹고 노는 건 즐겁다"는 기막힌 인식이 뿌리 박혀 있다. 한국의 대표적인 비극이 아닐 수 없다.

"살아 있는 한 계속해서 사는 법을 배워라." 로마 철학자 세네카의 말이다.

> 내일은 내일의 태양이 뜬다
>
> 내 인생에 전성기는 내일이다

전성기

노년의 비극은 아직 젊다는 데 있다는 오스카 와일드의 말처럼 대부분의 사람들은 "나는 아직 젊다"고 생각한다. 따지고 보면 오늘은 내일의 어제다. 또한 과거란 '오래된 미래ancient futures'이며 미래란 새로운 현재다. 삶의 밑바닥에서도 "최고의 날은 아직 오지 않았다The best day is yet to come"를 가슴에 품고 미래의 전성기를 꿈꾸는 사람도 많다.

오늘 잘나간다고 자만할 것이 아니며 못 나간다고 좌절할 일도 아니다. 골프에서도 가장 중요한 샷은 바로 그다음 샷이다.

성공한 노년의 대가에게 물었다. "인생에서 가장 좋았던 때는 언제였나요?"

돌아온 그의 대답은……

"내일입니다."

> 부족함은 선물이다
>
> 배고픔을 즐겨라

위대한 결핍

오스카상을 거머쥔 배우 윤여정은 "가장 연기가 잘될 때는 돈이 없을 때"라고 했다. 역시 인생에선 결핍缺乏이야말로 인간의 가능성을 극대화하는 특효약임이 틀림없다. 위대한 작품이나 발명은 모두 외롭고 배고픈 삶에서 잉태된 것이다. 스티브 잡스 연설 중 유명한 '스테이 헝그리Stay hungry'가 전하는 진수가 바로 이것이다. 그것은 배를 곯는 게 아니라 간절함에서 울리는 인생의 광채다.

헝그리 마인드가 사라진 결과 바닥으로 추락하는 건 스포츠뿐이 아니다. 그렇다고 과거처럼 맹물 마시며 죽기살기식으로 살라는 건 절대 아니다. 이를 악물면 이가 깨지고 주먹을 불끈 쥐면 남과 악수할 수 없다.

내가 지금 편한 이유는 내리막길이기 때문이다.

> **하수는 베낀다**
>
> **고수는 훔친다**

고수와 하수(2)

바야흐로 시대는 집단지성을 지나 초연결 시대로 질주하고 있다. "하수는 베끼고Copy, 고수는 훔친다Steal." 피카소가 한 이 말을 스티브 잡스는 평소 직원들에게 자주 외쳤다고 한다. 극적으로 표현하면 '좋은 도둑'이 되라는 의미로 타인에게서 가져온 아이디어의 재결합을 뜻한다.

현대미술의 새로운 문을 열어젖혔다는 피카소야말로 당시엔 엄청난 파격이었지만 세잔, 마티스 등 그 시대를 훔친 결과다. 그 결과 탄생한 문제작이 「아비뇽의 처녀들」이다. 에디슨 또한 "나 자신도 많은 것을 훔쳤다"라고 고백했다. 모든 역사 속 새로운 도약은 그 시대의 구조를 해체, 재구성한 사람들에 의해 주도되었다. 챗GPT로 촉발된 인공지능AI 빅뱅이 벌어지고 있는 작금에는 또 어떤 '대도大盜'가 등장할지 자못 궁금하다.

> **하수는 폼이 난다**
> **고수는 빛이 난다**

진품의 향기

짝퉁 천국인 광저우에서 들은 말이다. 중국인에겐 싼 것과 비싼 것이 있을 뿐이지, 진짜와 가짜란 개념 자체가 없다는 거다. 이 말도 진짜인지는 아직도 잘 모르겠다. 위작僞作 문제는 문화계의 오래된 지병이다. 루브르에 전시되어 있는 「모나리자」조차 실체는 미스터리다. 신비로운 것은 원화原畵에선 알 수 없는 소름과 전율이 느껴진다는 점이다. 사람 또한 그 앞에 서면 무언가 광채가 느껴지는 사람이 있다. 바로 진품眞品의 향기, 아우라Aura다.

본시 가짜가 더 요란한 법이다. 가관可觀이란 눈 뜨고 못 봐주겠다는 뜻이다. 진짜 내공은 드러내는 것이 아니라 드러나는 것이다. "예술은 아름다움이고 아름다움은 진실의 광채다." 전설적 스페인 건축가 안토니 가우디Antoni Gaudi의 말이다.

"
최고의 선물은 물건을 주는 게 아니다
내가 가진 최고의 인물을 소개해 주는 것이다
"

최고의 선물

세상에서 제일 불쌍한 사람은 남에게 줄 것이 없는 사람이다. '햇볕을 바치는 정성[헌폭지침獻曝之忱]'이나마 남에게 줄 것이 있다면 행복한 사람이다. 원래 '선물膳物'은 제사상에 올리는 가장 질 좋은 고기다. 영어로는 보통 'present'이지만 'gift'는 더 격식을 띤다.

문제는 선물이 도를 넘으면 마음을 돈으로 사는 추악한 뇌물이 된다는 점이다. 진짜 최고 선물은 따로 있다. 사람들은 여간해선 자신보다 미모나 능력이 뛰어난 이를 소개해 주지 않는다. 소개팅에 나갔다가 대부분 실망하는 이유다. 그러나 나보다 뛰어난 사람을 소개해 줄 때 자신의 가치도 덩달아 올라가는 법이다.

> 채운 자만이 비울 수 있다
> 비움은 진정한 채움이다

마음 비우기

일찍이 노자는 "있음은 이로움을 위한 것이지만, 없음은 쓸모가 생겨나게 하는 것이다"라고 설파했다. 평소 머릿속이 복잡한 사람 치고 신선한 아이디어를 내놓는 경우는 본 적이 없다. 텅 비어 있는 상태는 삶의 포맷을 위해 꼭 필요하다. 불가에선 3독毒, 즉 탐욕貪·분노瞋·어리석음癡을 버리고 자신을 비우는 것을 '방하착放下著'이라고 한다. 무엇보다 집착을 내려놓고 마음을 편하게 먹는 게 중요하다. 법정 스님이 언급한 '텅 빈 충만'의 신묘한 경지가 이것이다.

학學이 채움이라면 도道는 비움이다. 작금의 혼탁한 세상에서 특히 일상에서의 공空의 체험이 중요하다. 새 또한 높이 날기 위해 뱃속까지도 비워야 하는데 이 상태가 '골공骨空'이다. 과연 비움은 채움을 위함이요, 채움은 나눔을 위한 것이리라.

> 모든 기회에는 어려움이 있다
>
> 모든 어려움에는 기회가 있다

그치지 않는 비는 없다

　전대미문의 코로나 팬데믹 와중에 국내에서 SNS로 가장 많이 전파된 문장은 "이 또한 지나가리라 This too shall pass"였다고 한다. 산전수전을 통달한 고수들은 극단적 어려움도 크게 보면 한순간이라고 한다. 영국의 역사학자인 시오도어 젤딘 Theodore Zeldin은 "가장 흔한 형태의 자살은 희망을 잃는 것이다"라고 말했다.

　그러나 고통에도 숨겨진 의미는 있다. 중국인들은 세상에 절망이란 없고 절망에 빠진 사람만 있다고 스스로를 위로한다. 언제까지나 계속되는 불행이란 없는 법이다. 아! 인생에선 한 문이 닫히면 다른 문이 열린다고 했던가.

　"세상은 고통으로 가득하지만 한편 그것을 이겨내는 일로도 가득 차 있다." 두 눈과 귀를 잃은 헬렌 켈러의 말이다. 그치지 않는 비는 없다.

2
관찰편

OBSERVATION

> **이류는 돈을 번다**
> **일류는 시대를 번다**

일류와 이류의 차이

일류와 이류의 차이는 무엇일까?

우선 이류 중국집은 배달해주지만 일류 중국집은 가서 먹어야 한다. 전자제품 회사가 전국적인 애프터서비스A/S망을 운영하고 있다는 광고는 뒤집어보면 고장이 자주 난다는 자백이다. 애프터서비스 자체가 없는 게 진짜 일류다. 이건 그 제품이 지겨워서 버릴 때까지 고장이 안 난다는 건데 품질에 대한 강력한 자신감에서만 가능한 이야기다. 일류 회사에는 영업부서가 없다는 이야기와도 비슷하다. 또한 일류 기업은 쓰는 용어부터 다르다. 원래 순금은 도금할 필요가 없으며 명품은 호객하지 않는 법이다.

사람도 마찬가지다. 명품을 주렁주렁 걸치고 다닌다는 건 본인이 명품이 아님을 광고하는 것과 다름없는 일이다. 인간 명품에겐 명품이 필요 없다. 일류와 이류 인물의 차이는 결국 사람 그릇의 차이다.

"
단순한 걸 복잡하게 만드는 건 단순한 일이다
복잡한 걸 단순하게 만드는 건 복잡한 일이다
"

단순한 것이 아름답다

Simple is beautiful.

비즈니스 100년사가 증명한 성공전략 단 하나는 바로 "단순함으로 승부하라"이다. 일단 제품·서비스 사용법이 어렵고 복잡하면 무조건 실패한다고 보면 된다. 최초의 고객인 직원부터 기피하고 성공을 의심하기 때문이다.

단순함simplicity이란 고도의 복잡한 프로세스를 통과한 마지막 결정체다. 리처드 파인먼은 "언제나 현상은 복잡하나 법칙은 단순하다"고 잘라 말했다. 남녀가 연애할 때도 그 어떤 미사여구보다 단 한마디, '사랑한다'는 말의 위력을 따라갈 수 없다. 일반 상식과 달리 복합계composite system를 능가하는 단순계 파워의 원천은 가장 우월한 형태의 힘인 아름다움에 있다. 역사상 위대한 지도자는 모두 단순한 비전을 내걸고 단순 반복형 연설로 국민의 마음을 사로잡았다.

"단순함은 궁극의 세련됨이다." 레오나르도 다빈치의 말이다.

회의, 결재, 보고서 확 줄여라
하수는 늘리고 고수는 줄인다

비즈니스 다이어트

세계적 명연설의 비결은 잡소리 빼기다. 조직 운영에서도 '빼기(-)'의 원리는 같다. 우선 회의 시간을 필두로 결재 시간, 보고서도 확 줄여야 한다. 모든 회의는 무조건 1시간 이내, 심지어 1페이지 이하가 아니면 보고하지 못 하게 하는 것도 방법이다. 어쨌든 복잡하고 두껍다는 것은 아직 충분히 이해하지 못하고 있다는 증거다. 실전 경영에서 강조하는 '비즈니스 다이어트Business Diet'가 바로 이것이다.

씨름에서도 맷집보단 기술이고, 체중보단 근육이다. 평소 자기 몸매 관리하듯이 줄이고 빼는 연습을 하지 않으면 조직은 비대해지고, 순환은 막히고, 조직문화는 관료주의로 흐르게 되어 있다는 게 역사의 교훈이다. 살을 빼건 힘을 빼건, 줄이면 살고 늘리면 죽는다는 각오로 지속해 나가면 큰 발전을 이룰 수 있다.

"완벽함이란 더할 것이 없는 상태가 아니라 더 이상 뺄 것이 없는 상태다." 프랑스 작가 생텍쥐페리의 말이다.

> 목표보다 방향이다
>
> 빠르게 보다 바르게 하라

목표와 방향

광활한 사막 자동차랠리에서 관건은 속도보다 방향方向이다. 그러나 인간은 길을 잃었을 때 더 빨리 뛰어가는 유일한 동물이라고 한다. 재앙disaster이란 별aster의 불길한 배치, 소멸을 뜻한다. 옛날 뱃사람들로선 방향을 인도해줄 별이 안 보이면 곧 그것이 재앙이었으리라.

오늘날 성과지상주의에 내몰린 직장인들은 목표 달성이 최우선 과제다. 안전한 계기비행을 위해 구체적인 목표 설정은 매우 중요하다. 그러나 전략목표, 경영목표, 사업목표 등등 유사한 이름의 목표들이 칼춤을 추게 되면 조직은 유령이 지배하는 세상이 된다.

목표가 많다는 건 방향이 없는 것이다. 그걸 잡아주는 게 리더십이다.

> 비전은 미래의 구체적인 모습이다
>
> 추상적 비전은 없는 게 낫다

살아 있는 비전

 아직도 적지 않은 기업들이 뭔 소리인지도 모를 황당한 비전을 직원들 목에 걸어주고 있다. 미션Mission이 창업 이념·철학이라면 비전Vision이란 미래 자신의 구체적인 모습이다. 마케팅의 아버지라 불리는 필립 코틀러Philip Kotler 교수는 "제대로 만들어지지 않은 비전은 없는 것보다 못하다. 이를 따르게 하는 것은 사람들을 벼랑 끝으로 모는 것과 같다"라고 말하고 있다. 설립 초기 스탠퍼드 대학의 비전은 "서부의 하버드가 되자"였다. 누구나 알아들을 수 있는 단순 명쾌한 사례. 거기에 재미까지 얹으면 금상첨화다. 한국 119의 비전은 '초일류 안전강국, 최고 수준의 소방서비스 구현'인 반면, 미국의 911은 '출동시간 5분 단축'이다.

 치열한 전장에서의 승리는 결국 그 조직 구성원의 멘탈에서 결판난다. 자기 조직의 비전이나 전략 슬로건이 복잡하거나 뜬구름 잡는 식이라면 정말 다시 한번 생각해볼 일이 아닐 수 없다.

3류는 자신의 능력을 사용한다
1류는 남의 지혜를 사용한다

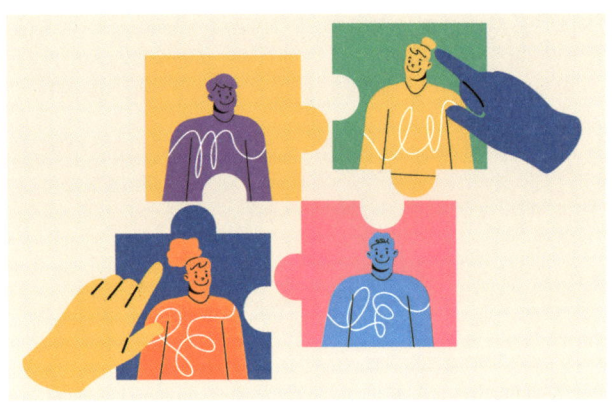

경영자의 등급

국내 많은 경영자를 만나 보면 대부분 성실 근면형이다. 특히 사람이 좋다는 것과 경영을 잘하는 것은 전혀 다른 일이다. 냉정히 말해 솔선수범형 내지 "나를 따르라" 스타일은 B, C학점급이다. 최악은 모든 걸 다 알아야 직성이 풀리는 만기친람형micro-management이다.

실패한 경영자들의 공통점에서 반드시 빠지지 않는 항목이 구성원들의 헌신을 이끌어 내지 못한다는 사실은, 경영이란 사람 마음을 다루는 기술임을 새삼 느끼게 해 준다. 대영제국 번영기를 이끌었던 디즈레일리 총리Benjamin Disraeli의 "진정한 리더는 따라가는 사람이다"라는 말의 심오한 의미를 이해하지 못하는 한 훌륭한 지도자가 되긴 어렵다고 본다.

> **공감은 인간만이 가진 유니크한 무기다**
> **나는 공감한다, 고로 존재한다**

21세기 공감자본

물체 간 당기는 힘이 중력이라면, 인간 사이에 당기는 힘은 공감력이다. 바야흐로 지적자본, 매력자본을 넘어 새로운 '공감자본' 시대가 열리고 있다. 인공지능 메타노믹스Metanomics 시대에는 인간의 마음心이 최고의 히트 상품이다. 공감[共感·empathy]은 스마트 로봇이나 아바타로서는 접근 불가한 인간만의 고도의 감정이입 세상이다.

특히 기성세대는 목표를 지향하지만 MZ 세대는 공감을 지향한다. 공감이 있으면 문화가 되지만 공감 없이 지시만 있으면 제도가 된다. 기업의 엔진인 직원 역량은 공감도와 정비례한다. CEO의 새로운 정의로 'Chief Empathy Officer'라는 말도 등장하고 있다. 결국 공감이란 경청에서 출발해 감동으로 끝나는 감성 여행길이다.

> **직원은 최초의 시장이다**
>
> **만족한 직원이 만족한 고객을 만든다**

직원 존중

고객만족CS은 기업의 사활이 걸린 문제다. 여기서 진정한 고객만족의 출발점은 '피플 퍼스트People 1st', 즉 직원 존중이다. 세계적 서비스기업들은 이 원칙을 경영의 제1조 1항으로 삼고 있다. 탁월한 성과를 위해서는 직원→고객→주주로 이어져야 한다는 게 지금까지 밝혀진 최고의 경영 선순환 원리이기 때문이다. 마케팅에서 "직원은 최초의 시장이다People is the 1st market"란 생생한 교훈이 탄생한 이유다. 한국인 중에 물류의 거인 페덱스Fedex의 화물기 동체에 쓰여진 이름이 직원들의 자식 이름이란 걸 아는 사람은 드물다.

그러나 국내에선 고객만족에 대한 맹목적인 추종의 결과, 직원들은 진상고객에게조차 굴종해야 하는 기막힌 현실이 되어버린 지 오래다. 심지어 직원만족도ESI는 형편없는 직장이 고객만족대상을 수상하는 코미디까지 벌어지고 있다.

고객은 웃고 있는데 정작 직원은 뒤에서 울고 있는 건 아닌지 모든 경영자의 필수 점검과제가 아닐 수 없다.

"
질문의 수준이 그 사람의 수준이다
질문의 달인이 되어라
"

위대한 질문

원래 학문學問이란 박학심문博學審問의 약자다. 즉 공부는 넓게 하고 질문은 자세히 살펴 해야 한다는 뜻이다. 그러나 우리 사회는 전공이라는 미명하에 공부는 좁게 하고 질문은 거의 없다. 인간의 성장 비결은 가슴속에 품은 위대한 질문에 달려 있다. 동서양의 차이도 사실은 질문의 차이다. 유대인의 경전 『토라Torah』는 위대한 신의 질문이라 불린다. 질문이란 곧 문제를 정의하는 일이다. 질문이 없으면 답도 없다.

특히 상대의 프레임에서 빠져나올 수 있는 매우 효과적인 방법은 질문을 바꿔보는 것이다. 혁신적 리더란 질문의 달인이다. 결국 질문이 많은 나라가 선진국이고 질문의 수준이 그 사람의 수준이다.

> **다양성만큼 강한 건 없다
> 최우수 병사만으로 뽑은 군대가 이긴 적이 없다**

나무를 사지 말고 산을 사라

"나무木를 사지 말고 산山을 사라." 일본 황궁을 짓는 대목수들 사이에서 전해져 내려오는 말이다. 작은 목수는 필요한 나무만 골라 사지만, 대목수는 크건 작건 곧건 굽건 모든 나무가 그 나름대로 각자 쓰임새가 있기에 산 전체를 산다는 것이다. 조직에서도 내 마음에 쏙 드는 사람들로만 구성하는 데는 성장의 한계가 있음은 상식이다. 동종교배에서 기형이 나오는 건 자연의 거듭된 경고다. 조직의 순혈주의는 결국 구성원의 자율과 창의를 박탈하게 마련이다.

해불양수海不讓水.

바다는 강물을 뿌리치지 않으며, 그 어떤 물도 다 받아들이기에 그 어원도 '큰 물'이다. "태산은 흙과 돌의 좋고 나쁨을 가리지 않고 다 받아들였기 때문에 그 높음을 이룬 것이다." 한비자의 말이다.

상대 입장에서 이야기하라
가장 중요한 원료는 정직이다

설득의 기술

시장에서 기업가치를 평가하는 중요한 기준 중 하나가 바로 경영자의 설득력이다. 이는 평시보다는 위기에 빛을 발한다. 이른바 '위기 대응 커뮤니케이션Crisis Communication'의 문제다. 특히 유명인은 온 세상이 그 입만 쳐다보게 된다. 그러나 위기에도 침착하게 대응한다면 오히려 역전의 기회로 만들 수 있다.

첫째, 쓸데없이 변명하지 말라. 잘잘못을 떠나 벌어진 사실에 대해 이러쿵저러쿵하면 첫 단추부터 실패한 것이다. 둘째, 타이밍이다. 문제가 생겼을 때 미적미적하다간 오히려 의혹만 증폭될 것이다. 셋째, 절대 네 탓이 아니라 내 탓임을 보여라.

설득은 정직함의 선물이다.

> 귀가 화근이 되는 일은 없다
> 경청이란 두 귀로 설득하는 기술이다

경청의 지혜

인간의 삶이란 결국 말하고 읽고 듣기다. 이 세 가지 중에 가장 어렵다는 것이 듣기다. 과거 우여곡절 끝에 애플에 복귀한 스티브 잡스는 직원들에게 자신을 'CLO, Chief Listening Officer'라 불러달라고 주문했다. 서양판 '이청득심以聽得心'의 지혜다.

리더십은 소통의 함수이며, 경청傾聽은 소통의 전공필수 과목이다. 나아가 경청이란 단순히 듣는 기술이 아니라 두 귀로 설득하는 기술이다. 말을 배우는 데는 2년이 걸리나, 듣기를 배우는 데는 60년[이순耳順]이 걸린다고 하는 데에는 다 이유가 있다. 귀가 있다고 들을 수 있는 게 아니라, 들을 줄 아는 귀를 갖고 있어야 들을 수 있기 때문이다.

"지혜는 듣는 데서 오고 후회는 말하는 데서 온다." 영국 속담이다.

> 유머는 개그가 아니다
> 유머는 최강의 무기다

유머의 위력

모든 생물 중에서 인간만이 웃는다. 악어의 눈물은 있어도 악어의 웃음은 없다. 한국의 각계 리더들에게 가장 결핍된 인자가 바로 유머 센스다. 함량 미달의 정치인치고 유머가 있는 사람은 본 적이 없다.

유머Humor는 단 한마디로 분위기를 반전시키는 커다란 위력이 있다. 여기엔 순발력·타이밍·언어지능의 3박자가 필요하다. 많은 이들이 유머를 개그와 혼동해서 마치 남을 웃기는 기술쯤으로 생각한다. 그러나 유머는 최고급 커뮤니케이션 스킬이자 우리 삶의 '멋'을 만드는 핵심 코드다. 그대가 무대의 주인공이 되고 싶다면 유머감각을 길러라. 다만 유머는 배울 순 있으나 가르칠 순 없다.

"인간에겐 참을 수 없는 모욕이 두 가지 있다. 유머가 없다는 말과 고생을 모른다는 말이다." 미국 소설가 싱클레어 루이스의 말이다.

> ## 내일의 늙은이가 오늘의 젊은이다
> ## 상호존중을 기억하라

꼰대와 싸가지

작금의 세대 간 갈등이 진화해 최근에는 '틀딱'과 '철딱'이란 신조어까지 등장하기에 이르렀다. 영국 BBC 방송에도 소개된 '꼰대KKONDAE'는 '어딜 감히'로 상징되는 불통 기성세대로 자신은 항상 옳다고 여기는 사람이다. 사람은 나이가 들수록 용서의 깊이와 관대의 높이를 키워야 한다. 지금 2030세대에게 필요한 것은 티칭teaching이 아니라 코칭coaching이다. BTS로 대표되는 '포노 사피엔스'라 불리는 MZ세대의 경쟁력은 역대 최강이다. 그들이 충성하는 대상은 바로 자신이며 조직은 후순위다.

그러나 꼰대는 나이의 문제가 아니다. 주위를 보면 젊은 꼰대들도 적지 않다. 이 땅의 꼰대와 싸가지가 공유해야 할 최고 덕목은 세계적 기업들이 숭상해온 최고의 핵심가치인 '상호존중Mutual Respect'이다.

사람은 말한 대로 된다
말이란 자신에게 하는 예언이다

언령

예로부터 사람의 말에는 불가사의한 힘이 담겨 있다고 여겨져 왔다. 이런 신비한 언어의 파워를 일본인들은 언령言靈·ことだま이라고 한다. 특히 말이 씨가 된다는 것은 늘 회자되어온 삶의 인과법칙이다.

구사한 단어들이 입자라면, 그 말이 미치는 영향력은 파동이다. 변화심리학의 거장 앤서니 로빈스Anthony Robbins에 따르면 아시아 어떤 부족의 언어에는 '싫어하다', '미워하다'라는 말이 아예 없다고 힌다. 동양에선 언변言辯보다 어떤 말을 하지 말아야 할 것인가 하는 언잠言箴에 방점이 있다. 선조들이 꼽은 조심해야 할 삼단三端은 붓끝·칼끝·혀끝이다. 결국 말이란 자신에게 하는 예언[言識·언참] 이다.

세월이 지나고 보면 사람은 자기가 한 말 그대로 된다.

생각해볼수록 아찔한 일이다. 무서운 인화 물질이다.

"
능력 부족보다 변화 거부가 문제다

사슴을 쫓는 자는 산을 보지 못한다
"

경영자의 착각

직원의 소원은 내가 없으면 회사가 안 돌아가는 것이고, 사장의 소원은 내가 없어도 잘 돌아가는 것이다. 그러나 진짜 큰 문제는 경영자에게 있는 경우가 대부분이다. 실패학失敗學 대가에 따르면 경영자들의 대표적 문제는 진로를 잘못 설정해 놓고 고수하는 것이라고 지적한다.

특히 솔선수범형의 큰 착각은 직원들이 자신을 믿고 따라오고 있을 것이라고 생각하는 것이다. 마케팅만 잘하면 잘 팔릴 거라는 생각도 착각이다. 가장 큰 모순은 직원들이 자신의 통제에 따르는 동시에 알아서 하기를 바란다는 점이다.

"곤경에 빠지는 건 뭔가를 몰라서가 아니라 뭔가를 확실히 안다는 착각 때문이다." 마크 트웨인의 말이다.

> **미래 성공의 적은 오늘의 성공이다**
>
> **새것을 얻고 싶다면 쥐고 있는 건 놓아야 한다**

성공의 복수

경영학에서는 과거의 핵심 성공요인이 오히려 패망의 주요인이 되는 경우를 가리켜 '성공의 복수Revenge of Success'라 한다. 특히 큰 성공은 실패에 대한 잠재적 경고 사인이다. 수에즈 운하를 성공시킨 프랑스인 레셉스가 파나마에서도 같은 방식을 고수하면서 대실패한 사례가 대표적이다. 이는 과거의 방정식에 집착한 이른바 '성공의 함정'에 빠졌기 때문이다. 장자의 '득어망전得魚忘筌'은 "물고기를 잡았으면 통발을 버려라"는 뜻으로 쓰임을 다한 것에 미련을 두지 말라는 의미다.

21세기 새로운 정치도, 경영도 기존의 핵심역량을 버리고 새로운 가치로 옮기는 가치이동value migration이 중요해지고 있다. "과거에 당신을 성공으로 이끌었던 그 비결은 이제 새로운 세계에선 먹히지 않을 것이다. 새로운 방식을 찾아라." HP의 화려한 전성기를 구가했던 류 플랫Lew Platt 회장의 말이다.

> **선생보다 후생이다**
> **진짜 큰일은 후배가 내는 법이다**

후생가외

사람의 앞날은 누구도 모르기에 미지수未知數다. 하찮게 여겼던 사람이 나중에 자기보다 훌륭하게 된 사례는 흔한 일이다.

후생가외後生可畏!

『논어』에 나오는 이 말은 "젊은 후학이 두렵다"는 뜻이다. 후생의 반대가 선생이다. "나중에 난 뿔이 더 우뚝하다"는 속담도 있다. 출람지재出藍之才, 즉 선배보다 유능한 후배, 스승보다 뛰어난 제자야말로 역사를 바꾸는 엔진이다. 사실 국내 어느 누가 한국의 어린 BTS가 전설의 비틀스를 뛰어넘을 것이라 상상이나 했겠는가? 선배의 그늘에 가려 후배들이 기를 못 펴는 조직이라면 미래는 뻔하다. 무엇보다 '전례前例'라 불리는 기업문화의 전관예우를 깨고 후배들이 커 나갈 때 조직은 발전하는 법이다.

역대 최강이라 평가되는 2030 후배들의 기분 좋은 반란을 기대해본다.

> 급한 것과 중요한 것은 다르다
>
> 무엇이 중요한 건지 아는 게 고수다

중요한 일을 먼저 하라

스티븐 코비의 저서 『성공하는 사람들의 7가지 습관』 중 셋째는 "소중한 것을 먼저 하라"는 것이다. 중국의 바둑 격언인 위기십결圍棋十訣에도 '사소취대捨小取大'가 있다. 작은 것을 버리고 큰 것을 취하라는 말이다. 실전에서 보면 하수는 급한 곳을 틀어막고자 하는데, 고수는 거들떠보지도 않고 중요한 곳을 둔다.

일의 우선순위 배분과 관련하여 경영학에서 쓰이는 아이젠하워 매트릭스는 '중요함important'과 '시급함urgent'의 선택 함수다. 알고 보면 중요한 일이 급한 경우도 별로 없지만, 급한 일이 중요한 경우도 드물다.

"성공한 사람들과 그렇지 못한 사람들과의 가장 큰 차이는 중요하지만 급하지 않은 일을 어떻게 처리하느냐에 달렸다." 시간관리에 탁월했던 것으로 유명한 전 미국 대통령 아이젠하워의 말이다.

> **지장보다 덕장이다**
>
> **덕장보다 현장이다**

최고의 장군

직장 회식 때 건배사로 많이 쓰이는 사자성어 중에 '우문현답'이 있다. 이 말은 "우리의 문제는 현장에 답이 있다"란 뜻이다. 문제는 현장을 모르고서는 풀리지 않는다. 모든 탁상행정 또한 현장과의 괴리에서 양산된다. 심지어 의전까지 갖춘 현장 방문을 현장경영이라 우기는 기막힌 사례도 많다.

"More Boots, Less Pants." 이는 양복을 벗어 던지고 작업화를 신고 현장에 가라는 말이다. 현장경영의 진수는 생생한 현장의 소리를 듣고 즉석에서 해결하는 데 있다. 물건을 만들 때 혼魂을 넣어 만든다는 실용국가 일본의 모노쯔꾸리ものづくり 정신과 히든 챔피언의 나라 독일의 경쟁력은 현장 마이스터의 손끝에서 나온다. 특히 "직장이 학교다Work is school"라고 외치는 독일에선 현장을 모르면 학계에 발도 붙이지 못한다고 한다.

과연 최고의 장군은 현장現場이고 최고의 의복은 작업복이다.

"
하수는 싸운 다음에 이기려 한다
고수는 이긴 다음에 싸운다
"

고수와 하수 (3)

　싸움 고수와 무술 고수가 맞붙으면 누가 이길까? 일본 검객의 전설, 미야모토 무사시의 『오륜서五輪書』에는 '적이 되어보는 법'이란 부분이 있다. 그는 "싸움은 단 1회뿐이라고 생각하라. 반드시 적의 입장에서 판단해 보라"고 했다. 전쟁이란 최고 수준의 역발상 게임이자 비장의 수읽기다. 역사적으로 이긴 전쟁은 늘 기습이었고 선공이었다.

　전쟁학의 바이블 『손자병법』에는 '선승구전先勝求戰'이 있다. 승리하는 군대는 승산을 확인한 뒤 전쟁을 벌이고, 지는 군대는 전쟁부터 벌인 뒤 승리의 요행을 찾는다는 거다. 결국 승리하지 못하는 이유는 나에게 있고, 승리를 가능케 하는 것은 적에게 있다.

　그렇다면 과연 당신은 고수인가 하수인가?

"

핵심 인재는 없다

인재가 핵심일 뿐이다

"

새로운 눈으로 인재를 보라

"사람은 많은데 쓸 만한 인재는 없다"는 탄식이 자주 흘러나오고 있다. 그러나 사실은 사람이 없는 게 아니라 사람을 고르는 눈이 없는 것이다. 용병 잘하는 자에게는 버릴 병졸이 없고 글을 잘 짓는 자에게는 따로 가려 쓸 글자가 없다고 했다. "사람을 쓰려면 의심하지 말고, 의심이 가면 쓰지 말라用人勿疑, 疑人勿用"는 것은 삼성그룹 이병철 회장의 철학으로 잘 알려진 글귀다.

경영학 이론상 리더십은 권한위임empowerment의 함수이며, 그 핵심은 공정한 평가다. 문제는 일을 제대로 할 수 있는 권한도 안 쥐어 주고 평가는 엿장수 마음대로 해버리는 경우가 너무나 많다는 데에 있다. 견고한 수레는 무거운 짐을 실을 수 있으나 배처럼 강을 건너지는 못한다. 결국 사람을 쓰는 데는 장단점 자체가 아니라 오히려 그 장단점을 어떻게 잘 활용하는가가 중요하다. 진정한 리더십은 새로운 인재를 찾는 데 있는 게 아니라 새로운 눈으로 사람을 보는 데 있다.

> 물은 건너봐야 안다
>
> 사람은 겪어봐야 안다

용인

"명선수는 명지도자가 될 수 없다"는 널리 알려진 스포츠 격언이다. 영업을 잘해서 발탁했더니 본사 영업기획에선 죽을 쑤거나 반대로 기획통이 막상 현장에선 헤매는 일은 다반사다. 공부 잘했다고 사업을 잘하는 건 더욱 아니다.

삼성 이건희 회장이 생전에 강조하던 앎의 5단계 중 세 번째는 '용用', 즉 사람을 쓰고 부리는 일이다. 동양에서 용인用人의 핵심은 맹자의 '임현사능任賢使能'으로 세종대왕 용인술의 기본이기도 하다. 요컨대 어진賢 인재에게는 일을 맡기고, 유능한能 인재에게는 일을 시키면 된다는 것이다. 그러나 이 두 가지의 구별은 쉬운 일이 아니다. 더불어 그들을 움직이게 하려면 엄정한 신상필벌이 충분조건이다.

언제나 결론은 사람이다.

"
진심은 감동을 만든다
감동은 기적을 만든다
"

리더는 위기에 빛난다

위기crisis는 언제나 두 개의 얼굴로 다가온다. 하나는 전화위복이고 다른 하나는 파국이다. 이른바 기적의 갈림길이다. 여기서 '기적의 원료'는 리더의 진실한 태도와 언어다. 세계적인 리더십 커뮤니케이션 전문가이자 역대 미국 대통령의 연설문 작가로 유명한 제임스 흄스James C. Humes는 "링컨처럼 서서 처칠처럼 말하라"고 했다. 진정한 리더십은 위기에 빛나는 법이다. 특히 모두가 예스Yes라 할 때, 노No라고 할 수 있는 사람이 정치가이다.

사회를 지탱해주는 3가지 척추는 3안安, 즉 안전·안정·안심이다. 특히 안전불감증은 한국인의 고질병이다. 이 문제의 근본 원인은 시스템보다는 문화에 숨어 있다. 지난 이태원 사고는 가슴 아픈 일이지만 진상 규명과 재발 방지책 마련이 최우선이다. 과거 태안 기름사고 당시 엄청난 자원봉사자들이 바다를 걸레로 닦던 한국인만의 절제된 위기 극복 능력을 기대해본다.

서비스는 친절이 아니다
서비스는 만족을 제조하는 시스템이다

서비스의 본질

 최근 한국 제조업의 장남인 현대·기아차는 혹독한 '품질여행 Quality Journey'을 통과해 세계 빅3에 등극했다. 제조가 물物이라면 서비스는 인人이다. 그러나 서비스에 대한 일반 국민들의 인식은 덤이나 공짜, 심지어 그 동의어가 중국집 '군만두'라고 할 정도로 석기시대 수준이다. 음식점의 두 가지 핵심성공요인CSF은 친절과 맛이다. 보통 서비스업에서 친절은 20% 정도라는 게 정설이다.

 선진국이란 한마디로 서비스부문Service sector의 비중이 높은 나라다. 국내 서비스산업 또한 국가경제의 새로운 성장 엔진이자 고용창출의 보고로 급부상하고 있다. 서비스업은 학문적으로 보면 운영·전달·마케팅의 총체적 시스템 그 자체다. 서비스업은 현재 제조업과의 융합servitization으로 크게 발전하고 있다. 이제 서비스는 더 이상 단순한 스마일이나 친절함이 아니며, 공짜는 더더욱 아니다.

> 원맨쇼는 오래 가지 못한다
> 팀보다 위대한 선수는 없다

팀

　인류가 가장 열광하는 스포츠는 축구와 야구다. 이 두 종목 모두 4강에 들어간 희귀한 나라가 한국이다. 우리가 솔로는 강하나 집단은 약하다는 통념을 뒤엎는 결과다. 경영학적 관점에서 팀TEAM이란 원래 동양식 협력과 서양식 경쟁이란 두 마리 토끼를 화학적으로 결합한 모델이다. 혹자는 앞 글자를 따서 'Together Everybody Accomplish More'로 풀어내기도 한다.

　팀워크Teamwork란 "팀이 일하게 하라"는 뜻으로 훌륭한 팀워크는 언제나 내 편이 되어주는 최고의 아군이다. 경영은 원맨쇼가 아니며, 경영에는 연습이 없다. 요즘 조직을 그만두는 사람은 사실 회사를 떠나는 게 아니라 팀을 떠나는 것이다.

　"팀보다 위대한 선수는 없다." 유럽 축구 명가인 MU, 알렉스 퍼거슨 감독의 말이다.

"

협상이란 마음에 안 드는 파트너와 춤추는 방법이다

최상의 대안 없이는 나서지 마라

"

협상의 기술

"거절할 수 없는 제안을 하라!" 협상 명구로 자주 인용되는 이 구절은 영화 「대부」의 명대사다. 협상이란 고도의 비즈니스 심리학이다. 협상학의 세계 최강 미국은 우선 관계와 문제를 철저히 분리한다. 하버드대 협상이론 중 원칙협상 Principled Negotiation 모델의 핵심이 여기에 있다. 가장 중요한 건 상대의 '진짜 의도 hidden spot'를 알아내는 일이다. 흥미롭게도 최고의 전략 중 하나는 협상을 바로 깨버리는 것이다. 그러나 분명한 것은 상대의 치부를 건드리면 결코 그를 설득할 수 없다는 점이다.

특히 협상 결렬 시 자신이 가질 수 있는 최상의 대안 BATNA, Best Alternative to Negotiated Agreement 없이 테이블에 오르는 건 일종의 자살이다. 결국 협상에선 내가 먹이를 주는 늑대가 이긴다는 강한 신념이 필요하다. "두려움 때문에 협상하지 마라. 그러나 협상하는 것을 두려워하지도 마라." 존 F. 케네디의 말이다.

"
유일한 아이디어는 위험하다
반대 의견이 하나도 없다면 결정하지 말라
"

경영자의 유혹

경영자가 빠지기 쉬운 유혹 중에 으뜸은 일사불란과 만장일치의 유혹이다. 피터 드러커는 반대 의견이 하나도 없을 때는 어떤 결정도 내리지 않아야 한다고 했다. 그런데 국내 대기업 사외이사들의 안건 찬성 비율은 거의 100%에 육박한다. 우리 사회 안에 똬리를 틀고 있는 '나와 다름'에 대한 거부감이자 획일성 함정의 증거다.

'노No'라고 말하지 못하는 조직문화야말로 위험한 경고 신호이며 반드시 대가를 치르게 된다. 우선 "답은 하나만 있다"는 단선적 사고에서 벗어나야 한다. 많은 사람이 공감하는 사업 아이디어는 역설적으로 성공할 확률이 낮은 법이다. 누구나 시작할 수 있기 때문이다. 혁신은 오히려 긍정보다는 부정에서 터지는 경우가 많다.

"모두가 비슷한 생각을 하는 것은 아무도 제대로 생각하고 있지 않은 것이다." GM의 전설적인 경영자 앨프레드 슬론Alfred Sloan 회장의 말이다.

"

불황기 경영은 겨울철 등산과 같다
어려울수록 기본에 답이 있다

"

기본으로 돌아가라

난세에 불황이다. 남편 월급과 자식들 성적 빼곤 다 오른다고들 한다. 물가, 금리, 환율까지 경제는 삼중 공포영화 수준이다. 계기 비행은커녕 잘못하면 동체착륙도 각오해야 할 판이다.

그러나 불황기에도 찬스가 있고 혜택이 있다. 'Back to the Basic(B2B)', 역시 기본에 해답이 있는 법이다. 첫째, 그동안 벌여놓은 것들 중 No.1, No.2를 제외하고는 과감히 정리할 절호의 기회다. 둘째, 연구개발R&D과 치열한 학습을 통해 조직의 내공을 기르는 것이다. 셋째, 호황기와 달리 유능한 인재를 비교적 저렴하게 모실 수 있는 찬스다.

계곡이 깊으면 산이 높고 겨울에도 밀짚모자를 사라고 했던가. 역전 경영을 위한 전략적 사고가 그 어느 때보다 필요한 시기다.

> 리더는 걸어 다니는 비전이다
>
> 최고의 리더는 최고의 커뮤니케이터이다

리더의 언어

정치와 외교에서 언어language는 기적의 원료다. 특히 국가 원수의 언어는 그 나라 국격과 소프트 파워의 핵이다. 역사상 모든 명연설 great speech의 공통점은 쉽고, 짧고, 반복형으로 삶의 익숙한 보편적 진리를 통해 벅찬 감동을 끌어낸다는 것이다.

실제로 역대 미국 대통령 연설은 중학생 정도면 이해할 수 있는 수준이었다. 세계 정치사 3대 연설에 포함된 링컨의 게티즈버그 연설은 불과 10개 문장, 272개 단어로 이루어져 있다. 처칠은 "우리가 두려워 할 것은 두려움 그 자체다"라는 말로 영국인의 가슴을 사로잡아 제2차 세계대전을 승리로 이끌어냈다.

많은 리더들이 마이크 앞에만 서면 자신을 고급스럽게 포장하고 싶은 유혹에 빠지는데 그것은 착각이다. 리더의 언어는 곧 그 조직의 품격이자 위상이다. 깨진 종은 소리를 내지 못하는 법이다.

비 오는 날 우산을 씌워주는 게 상생이다
Your Business is my business

상생 경영

　모처럼 크고 작은 기업들이 한자리에 모여 상생을 넘어 원팀을 외쳤다. 그러나 현실에선 상생相生은 없고 '상생上生'만 있다는 소리가 여전하다. 고객의 소리VOC 못지않게 중요한 것이 '공급업체의 소리VOS, Voice of Supplier'이다. 협력업체의 품질이 곧 최종 제품의 품질이기 때문이다.

　따지고 보면 기업이 자신을 위해 노력한 결과에 대해 공무원이 상을 준다는 것도 우스운 일이다. 예전에 실리콘밸리의 중소업체를 방문한 적이 있었다. 복도에 즐비한 각종 트로피와 상패들은 대부분 초우량 대기업으로부터 받은 '고객이 주는 상Customer Award'이었다. "귀사의 노력 덕분에 우리 사업이 성공할 수 있었습니다." 상패에 쓰여 있던 글이다.

> 이익은 기업의 생존비용이다
>
> 윤리가 이윤이다

윤리경영

외국인이 볼 때 한국은 이상한 게 한둘이 아니다. 모범택시만 해도 그렇다. 이 말은 다른 택시들은 전부 엉망이란 자백이다. 윤리경영이란 것 자체도 우스운 일이다. 경영은 당연히 윤리적으로 해야 되는 건데 말이다. 한마디로 하자면 "윤리가 곧 이윤이다No ethics, no money."

특히 요즘엔 기업이 무슨 사회단체인 것처럼 인식되기도 하지만, 이익이야말로 절대 불변의 기업의 존재 이유다. 피터 드러커는 "이익은 기업에게는 생존의 비용이다"라고 했다. 다만 이익극대화 목표만으로는 사람의 마음을 크게 움직이진 못한다. 리더들은 이익을 넘어 영혼을 흔들만한 이상과 가치를 사업에 주입시키는 길을 찾아내야 한다. 특히 사회책임소비SRC 개념으로 무장한 MZ세대는 좋은 기업을 넘어 '착한 기업'에 대한 강한 선호도를 보이고 있어 기업들은 더욱 영리해질 필요가 있다.

> **경영자는 많지만 기업가는 드물다
> 최고의 정신은 기업가정신이다**

기업가정신

우리 사회에서 '사'자 라이선스를 가진 직업에 대한 부모들의 염원은 절대 식지 않을 듯하다.

판·검사는 일 사事, 변호사는 선비 사士, 생명을 다루는 의사는 스승 사師, 대사는 시킬 사使 자를 쓴다. 이에 반해 특정 분야에 오랜 경험과 철학을 통해 독자적인 정신적 경지에 오른 사람들에겐 정치가, 예술가 등 '가家' 자가 붙는다. 이른바 일가견-家見이 있는 사람들로 이름 석 자가 곧 명함이다. 그중에서도 으뜸은 큰 기업을 일궈 혁혁한 공을 쌓은 기업가企業家다. 기업이란 한마디로 업業을 만드는 주체로 세상 문제의 해결사다.

중요한 건 새로운 기업가정신entrapreneurship의 출발이 도전과 성공이라면, 그 끝은 상생과 나눔이어야 한다는 점이다. 미래 대한민국은 기업가가 가장 우대받는 사회가 되어야 한다.

장사꾼은 돈을 벌고, 경영자는 사람을 벌고, 기업가는 시대를 번다.

3 통찰편

INSIGHT

> **아무도 밟지 않은 저 하얀 눈밭을 보라**
>
> **5만 달러 시대 최초의 발자국을 만들자**

화이트 스페이스

작년 말 미국의 주간지 「US 뉴스 앤 월드 리포트US News & World Report」는 한국이 국력 순위power rankings에서 프랑스와 일본을 앞지른 6위를 기록했다고 보도했다. 국뽕은 경계할 일이지만, 넘사벽인 줄 알았던 일본을 제친 한국의 다음 행보는 무엇인가? 현재 떠오르고 있는 신개념은 '화이트 스페이스White Space'다. 화이트 스페이스는 비즈니스 기회상으론 기존에 공략을 시도해보지 않았던 신기술 공간 내지 누구도 해결 못 한 미지의 영역이다. 쉽게 말해 이것은 아직 아무도 밟지 않은 하얀 눈밭길이다. 기술경영학적으로 보면 로버트 프로스트R. Frost의 국가판 「가지 않은 길」이다.

지금까지 앞만 보고 죽어라 달려온 우리 기업으로선 한 번도 가보지 않은 생소한 길이다. 이젠 자신에게 싸움을 걸어야 한다. 문제를 푸는 학생이 아니라 문제를 출제하는 선생의 역할이 미래 한국의 미션이다.

"
학문과 전공의 칸막이를 부숴라
다양성을 채굴하라
"

탈說전공 시대

타화수분他花受粉, Cross-Pollination은 다른 꽃에서 꽃가루를 받아 수정이 이루어지는 것으로 식물판 오픈 이노베이션이다. 흥미로운 것은 이 어려운 과정이 이루어지면 과실 중량과 품질도 좋아진다고 한다.

인공지능AI 빅뱅 시대, 이제 아는 것은 더 이상 힘이 아니다. 특히 기존의 전문성이란 칸막이가 줄줄이 깨져나가는 판에 '전공專攻'이란 단어는 별 의미가 없다. 그러나 많은 전문가가 수없이 등장하는 융·복합 이슈에 대해 여전히 "제 전공이 아닌데요"만 읊고 있다. 바야흐로 지식과 정보의 거대한 열린 음악회가 펼쳐지고 있다. 무엇보다 지식·학문·전공의 울타리를 확 걷어내야 한다. 다양성을 채굴하는 최적의 방정식은 나이, 문화, 학문을 섞는 것이다.

> 시대에도 운명이 있다
> 날아갈 것인가 떨어질 것인가

변곡점

집이 가난하면 효자가 나고 나라가 어지러우면 충신이 난다고 했다. 사람의 운명이 바뀌는 데에는 주위의 사람들이 새로 싹 바뀐다던지 하는 어떤 조짐이 있듯이 시대에도 운명적 흐름이 있다. 바야흐로 한국 사회라는 혼탁한 연못에 거대한 운명적 자정작용이 시작되고 있다. 거역할 수 없는 변화의 꼭지점, 이른바 시대적 티핑 포인트tipping point이다. 변즉화變卽化, 일단 물리적 프로세스인 변變을 지나야 내면의 화化에 도달할 수 있다.

'여시해행與時偕行'이라 했던가. 지금이야말로 로버트 퀸의 "Deep Change or Slow Death"라는 화두가 제격이다. 무엇보다 새로운 시대를 관통하는 세련된 리더십 언어가 절실하다.

"시대를 만난 아이디어보다 더 강력한 것은 없다." 프랑스 대문호 빅토르 위고의 말이다.

> **반지성은 폭력이고 무지성은 야만이다**
>
> **'지성知性'이면 감천이다**

지성의 시대

찰스 다윈은 "무지는 지식보다 더 확신을 갖게 한다"고 말했다. 시쳇말로 무식하면 용감하다는 거다. 철학자 버트런드 러셀도 "우리 시대 고통스러운 것 중의 하나는 멍청한 사람들은 확신에 차 있다는 점이다"라고 고백한 바 있다. 고집을 철학이라 우기는 건 양반에 속한다. 결국 무식이 소신과 결합하면 재앙이 된다. 여기엔 "불의는 참아도 불이익은 못 참는다"는 비겁한 지식인들도 가세한다.

지성주의가 별건가? 균형된 사고를 갖고 상식으로 소통하고, 합리를 바로 세우는 일이다. 당연한 것이 뉴스가 되는 웃픈 세상이다.

> **들려오는 거대한 기술 신대륙의 발걸음 소리
> 최초의 질문이 세상을 바꾼다**

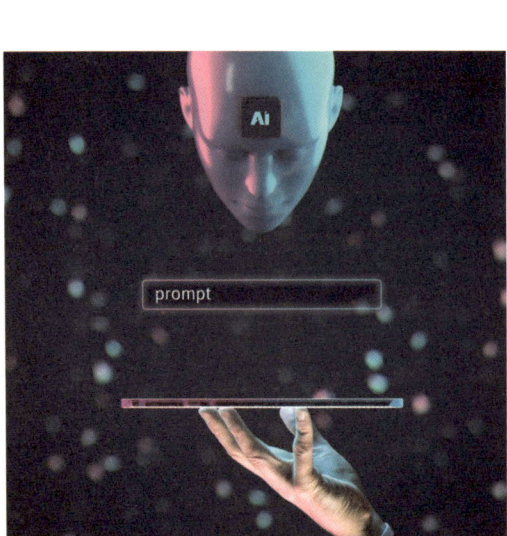

인공지능 삼국지

전대미문의 인공지능AI 대폭발에 따라 이른바 '프롬프트Prompt' 시대가 열리고 있다. 전문가 영역은 물론 인간의 마지막 자존심인 예술 분야까지 가공할 사례가 범람하고 있다. 이건 회피한다고 될 일이 아니다.

과거 지식의 시대가 '아는 것이 힘'이었다면 현재 검색의 시대는 '찾는 것이 힘'이다. 그러나 미래 초지능 융합기술 시대엔 질문의 품질, 즉 '묻는 것이 힘'이다. 환각hallucination, 보안, 고비용이라는 세 가지 문제가 크게 대두되고 있지만 이미 봇물은 터졌다.

중요한 것은 현재 일본과 유럽이 넋을 잃고 바라보고만 있는 가운데 한국은 인공지능 최강국 중 하나로 우뚝 서고 있다는 사실이다.

> **일등보다 일류가 되어라**
> **일등은 한 명이지만 일류는 다르다**

생각의 차이가 일류를 만든다

인공지능AI과 메타노믹스로 상징되는 거대한 시대적 변곡점에서 한국은 더 이상 고요한 아침의 나라가 아니며, 21세기 '동방학습지국'으로 재탄생되어야 한다. 특히 그동안 우리 사회가 무의식적으로 강요해온 1등이란 옹색한 이데올로기에서 벗어나 '1등보다 1류'라는 가치체계 이동이 절실하다.

일류-流란 무엇보다 나와 다름의 차이를 인정하는 다양성의 세계로 우리를 인도한다. 현재 사회 각 분야에서 'No.1'보다 'Only 1'이 강조되는 이유이기도 하다. 가장 시급한 것은 일사불란식의 획일화, 경직화된 조직문화를 전면 재편하는 일이나, 나아가 기존의 아날로그 사고를 뛰어넘는 국가적 사고의 일대 각성이 절실하다. 필자는 이러한 변화를 통칭하여 'Think 4.0' 시대로의 전환이라 부르고자 한다. 가치 전환의 핵심은 검색보다 사색, 지식보다 상상, 수치보다 가치, 성공보다 성장으로의 변화다.

혁명보다 어려운 게 혁신이다

잘나갈 때 혁신하라

혁신 권하는 사회

차별화가 남과 다른 것이라면, 혁신은 지금까지와 다른 것이다.

그동안 한국의 정치 혁신 3종 세트는 '비대위 설치', '뼈를 깎는' 그리고 '한 번만 더 기회를'이었다. 그러나 별 재미도 없는데다 스토리마저 들켜 버린 영화를 봐줄 관객은 없다. 오죽하면 "혁신을 혁신하라"는 말까지 등장했겠는가. 혁革이란 원래 짐승의 날가죽[皮피]을 벗겨 새롭게 가공한 것이다. 따라서 혁신은 혹독한 가치의 재탄생이며 활어 같은 신선함이 핵심 포인트다.

유념할 것은 혁신의 타이밍이다. 건강은 건강할 때 지켜야 하는 것처럼 혁신은 잘나갈 때 하는 것이다. 배는 이미 기울기 시작했는데 혁신이다 뭐다 난리를 쳐봐야 배는 더욱 빨리 침몰하는 법이다.

> **가방끈이 길다고 전문가는 아니다
> 진짜 고수는 저잣거리에 있다**

가방끈과 전문가

　전문가는 '틀리지 않는 사람이 아니라 적게 틀리는 사람'이라고 한다. 한편에선 그들 대부분이 폭 좁은 전공의 노예라는 점에서 전문가란 '전적으로 문제 있는 사람'이라고도 한다. 나아가 현재 국내에선 전문가의 재앙이란 말까지 나오고 있는 실정으로 능력 측면이 아닌 윤리·도덕적 타락을 지적하는 것이다. 자칭 엘리트 법조인을 가리켜 법률기술자라 부르는 비아냥 내지 각종 마피아 시리즈의 유행은 파워 엘리트의 탐욕에 대한 대중의 조소다.

　한편 학벌이 높은 사람을 가리켜 속칭 가방끈이 길다고 한다. 문제는 이 가방끈의 길이가 인격의 높이와 비례하지 않는다는 데 있다. 무엇보다 학벌은 전문가의 증명서가 아니다. 흔한 대학 문턱에도 못 가본 사람 중에도 프로들은 차고 넘친다. 현장을 지켜온 문제 해결형 전문가들이 대우받는 학력學歷이 아닌 학력學力 사회가 되어야 한다.

한류는 국가적 내공이다
생각을 수출하라

콘텐츠 코리아

작년 여름, 뉴욕 센트럴파크에선 난리가 났다. 현재 한류는 단과반을 떼고 종합반(K컬처)을 개설해서 전 세계 젊은이들의 놀이문화 자체를 뒤흔들고 있다. 일본에는 '강코쿳포[한국스러움·韓国っぽ]'라 불리는 4차 문화공습이 시작되고 있다. 가히 음주가무 민족의 후예다운 엄청난 경쟁력이다. 서양에서도 각종 클래식 콩쿠르, 영화제 등에서 한국인들의 활약은 눈부시다.

향후 한류 4.0은 '콘텐츠 코리아 C-Korea'의 미래를 여는 창조적인 '생각 수출'이 되어야 한다. 그것은 우리가 이룬 위대한 '국가학습 national learning'의 성공 스토리다. 제품을 넘어 행정, 도시, 공항, 원선, 병원 등 우리 조국에는 아직도 팔 것이 너무나 많다.

> **효는 한국 사회의 운영체계OS다**
>
> **불효자가 잘되는 건 본 적이 없다**

효

한국의 키워드가 '효孝'라면 일본은 '충忠'이다. 남들이 다 부러워하는 효는 우리 사회를 지탱하고 작동시키는 근본 원리이자 세계적인 정신과학이다. K팝, K푸드 등 한류는 물론이고 우리가 수출해온 수많은 제품과 서비스의 밑바닥에도 효가 묻어난다. 과거 중국, 일본 등 아시아를 뜨겁게 달군 「겨울연가」, 「대장금」에 그들이 열광했던 진짜 이유는 그들에겐 이미 사라져버린 정신가치, 즉 효에서 발효된 인간 삶의 향기였음은 널리 알려진 사실이다.

효孝라는 최적의 정신 플랫폼에 IT를 탑재하여 스토리텔링을 입히면 세계 최강이다. 이걸 우리만 모르고 있다.

> **소나무가 무성하면 잣나무도 기쁘다**
>
> **사촌이 땅을 사야 나도 잘된다**

송무백열

송무백열松茂柏悅.

이 말은 원래 벗이 잘되는 것을 기뻐할 때 비유적으로 쓰는 말이다. 사촌이 갖은 고생 끝에 땅을 사게 되었다면 나도 기뻐해야 정상적 인간이다. 그러나 작금의 대한민국은 "사촌이 땅을 사면 배가 아프다", 심지어 "배고픈 건 참아도 배아픈 건 못 참는다"는 업그레이드 버전까지 버젓이 나돌고 있다. 이처럼 주변의 또래 집단의 재산이나 소비 수준에 비추어 자신을 평가하려는 경향을 경제학에선 '이웃효과neighbor effect'라 부른다.

자고로 비교는 불행의 원료다. 상부상조 전통에 빛나는 우리 민족의 DNA를 부정하는 이 고약한 풍토는 곳곳에서 심각한 부작용을 일으키고 있다. 너도나도 이젠 사촌이 땅을 사야 나도 잘된다는 것을 깊이 깨닫고 참다운 인성 교육을 범국민적으로 강화해 나가야 한다.

> 동물은 수치심이 없다
> 염치가 없다면 사람이 아니다

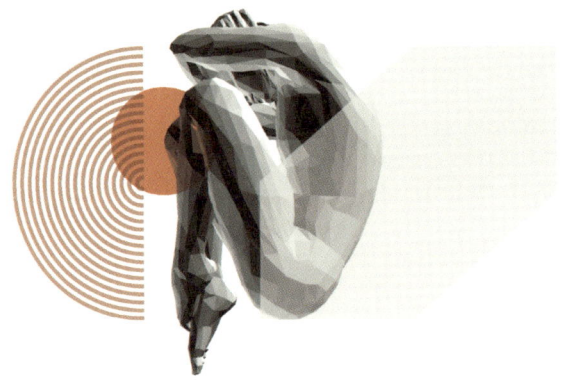

염치

예의염치禮義廉恥는 나라를 버티게 하는 공직자의 네 가지 덕목四維이다. 사람은 누구나 부끄러운 마음心이 들 때는 귀耳부터 빨개진다. 이걸 나타내는 글자가 '치恥'이다. 사람과 동물을 가르는 내적 기준이 이것이다. 염치는 인생 법정에서 채택되는 양심의 증거이자 용기의 원료다. 염치가 있어야만 자신의 잘못을 바로잡을 수 있는 회생의 기회를 얻을 수 있다.

그러나 우리 사회엔 인간의 도리를 내팽개친 파렴치와 몰염치가 도를 넘어선 지 오래다. 이러한 부류는 잘못을 범하고도 부끄러움은커녕 적반하장과 안면몰수가 주특기다. 그러나 결코 자신의 양심은 속일 수 없다.

"수치심은 제2의 속옷이다." 프랑스 소설가 스탕달의 말이다.

"
거짓말에도 색깔이 있다
거짓은 부패보다 위험하다
"

거짓말의 색깔

거짓말에도 색깔이 있다. 살다 보면 선의로 하게 되는 하얀 거짓말White Lie, 천진한 아이들이 하는 노란 거짓말, 허세에서 나오는 파란 거짓말도 있다. 가장 경악할 일은 얼굴색과 표정 하나 안 바꾸고 하는 새빨간 거짓말이다. 작금에는 입만 열면 거짓말을 해대는 한국형 리플리Ripley들이 크게 성업 중이다. 이렇게 가다가는 거짓말이 평어로 사용되는 동방오리발지국이 될지도 모르겠다. 그러나 분명한 것은 『탈무드』의 교훈에 나와 있듯이 앞으로 그들이 받게 될 최고의 벌은 어떤 말을 해도 아무도 믿어주지 않을 거라는 점이다.

거짓은 최악의 프레임이다. 선진국에서 공인의 거짓말은 반드시 혹독한 대가를 치르게 하는 이유다. "정직은 가장 확실한 자본이다." 미국의 사상가 에머슨R. W. Emerson의 말이다.

이론을 모르면 무식하다
현실을 모르면 바보다

이판사판

『화엄경』은 인간사 범주를 이理와 사事로 구분하여 파악한다. 전자가 형이상학적 본체의 세계라면, 후자는 형이하학적 현상의 세계다. 우선 절을 운영하기 위해선 교리 연구, 포교를 담당하는 이판승理判僧과 살림을 맡는 사판승事判僧이 필요하다. 조선 시대에 승려가 된다는 것은 막다른 선택이었다. 이후 두 가지가 결합된 이판사판은 '끝장'을 의미하는 엉뚱한 말로 전이되고 말았다.

사실 진정한 고수는 이판과 사판 모두 걸림이 없는 사람이다. 그러나 요즘엔 과학도 무시하는 얼치기 '운전수 지식Chauffeur's knowledge'이 판치고 있다. 나아가 삵은 가게 운영조차 못 해본 사람들이 서민경제를 살리겠다고 큰소리치는 세상이 되었다.

"무지보다 위험한 것은 잘못 알고 있는 것이다." 버나드 쇼의 말이다.

> **이론과 실제는 하늘과 땅 차이다
> 언제나 '오히려'를 기억하라**

전략적 사고

정부가 정책을 만들면 시장은 대책을 만든다. 한국 공무원들이 가장 부족한 것이 전략적 사고strategic thinking다. 적지 않은 정부 정책들이 원래 의도와 180도 다른 결과를 초래하는 주된 이유다. 이것은 분석(좌뇌)과 직관(우뇌)의 함수이며, 한마디로 '숨은 그림찾기'다. 이론과 현실, 책상과 현장 사이에는 늘 역설과 아이러니 계곡이 있다.

특히 경제는 한쪽을 누르면 다른 쪽이 튀어나오는 '풍선효과'를 유념해야 한다. 해고를 어렵게 하면 오히려 실업률이 높아지는 식이다. 규제도 마찬가지다. 문제 해결을 위한 정부 규제가 오히려 역효과를 초래하는 '코브라 효과Cobra Effect'를 경계해야 한다.

"경영자는 반드시 반대로 보는 시각을 길러야 한다." 넷플릭스 창업자의 말이다.

> **파티는 짧고 후유증은 길다
> 문제는 시간이다**

검은 코끼리

거대 공기업 수술이 화두다. 막대한 세금 먹는 하마들이 한두 개가 아니다. 이론상 "평가 없이 개선 없다"라곤 하지만, 공공기관 평가무용론이 사라지지 않는 게 현실이다. 경제학적으로 '흰 코끼리White Elephant'는 올림픽 경기장처럼 큰돈이 들어갔지만 처치 곤란한 애물단지를 말한다. 대표적인 것이 올림픽 경기장이다. 진짜 문제는 『뉴욕타임스NYT』의 토머스 프리드먼이 말한 '검은 코끼리Black Elephant'이다. 이것은 '검은 백조'와 '방 안의 코끼리'를 합성한 말이다. 방 안에 들어온 코끼리가 엄청난 결과를 초래할 것임을 모두가 알고는 있으나 누구도 나서서 해결하려고 하지 않는다'는 거다.

아마도 머지않은 시간 내에 동물원에 있어야 할 코끼리 대소동이 한바탕 벌어질 모양이다. 궁금한 건 국내에 코끼리 전문 수술병원이 있기는 한 건가라는 점이다.

> 교육은 사람을 바꾸고 사람은 세상을 바꾼다
>
> 최초의 교실은 가정이다

죽은 스승의 사회

사람에겐 반드시 꾸짖어 주는 이가 있어야 한다. 인생 최고의 행운은 스승을 만나는 일이다. 스승의 그림자도 밟으면 안 된다고 배웠다. 그러나 지금 이 나라에 선생은 많지만 스승은 없고, 학생은 많지만 제자는 없다. 선생의 진짜 보람은 내가 가르치는 이 아이가 내가 하지 못한 위대한 일, 세상을 바꾸는 일을 할 수도 있다는 희망에 있다.

지금까지 '군사부君師父 일체'를 숭상했던 교육현장에 수상한 이념이 주입된 결과는 참담하다. 교권은 땅바닥에 처박히고 일부 학부모들의 갑질은 범죄 수준이다. 그 학생이 자라서 선생이 되고, 신생은 또 학부모가 된다. 길거리로 내몰린 교사들의 절규가 귀를 때린다. 선생님이 살아야 내 자식도 산다.

> ## 법복은 유니폼이 아니다
> ## 세상에 이런 법은 없다

법복

언젠가부터 '정의Justice'란 단어는 언어의 천연기념물이 되었다. 옛말에도 백성은 가난보다는 불공정에 분노한다고 했다. 그러나 한국은 이미 '죽은 법조인의 사회'다. 법률기술자(기교 사법)란 말이 나돌더니 급기야는 최후의 보루인 대법원마저 의심받는 지경이다. 법을 '밥'으로 읽는 사람들이 적지 않은 기막힌 현실이 아닐 수 없다. 마치 정의의 여신이 자신의 칼로 배를 가른 형국이다.

독일인들은 힘이 주인인 곳에서는 정의는 하인이라고 한다. 한비자는 "법은 신분이 높은 자에게 아부하지 않는다法不阿貴"라고 했다. 이러다간 국민이 '헤어질 결심'을 할 수도 있다. 인공지능 판사 도입이 새삼 와닿는 시절이다.

세상에 이럴 수는 없는 '법'이다. "법이 많을수록 정의는 적다Summum ius, summa iniuria"는 라틴어 교훈이 떠오르는 아침이다.

3. 통찰편　203

> **사람은 바뀌지 않는다
> 그 사람을 알고 싶다면 권력을 주어보라**

외선

　권력을 쥐면 본심이 드러나고, 돈을 벌면 본색이 드러난다. 강자가 악한 것도 아니고 약자가 선한 것도 아니다. 열 길 물속은 알아도 한 길 사람 속은 모르는 법이다. 요즘엔 외모가 선한 인물이 오히려 사악한 것으로 들통이 나기도 한다.

　중국은 얼굴에 철판 까는 법을 '후흑학厚黑學'이라는 학문적 경지에 올려놓은 나라다. 그러나 한국엔 이미 구밀복검口蜜腹劍의 중국 고수들도 울고 갈 사람들이 널려 있다. '외선外善'은 겉으로는 착해 보이지만 속은 시커먼 것을 의미한다. 특히 '솔직히 말해서'를 달고 다니는 사람치고 솔직한 사람은 본 적이 없다. 개나리는 스스로 노란 꽃이라고 하지 않는다.

너무 높이 올라간 용은 반드시 후회한다
산은 오를 때보다 내려올 때 더 위험하다

용의 눈물

중국인들이 끔찍이 여기는 동물은 '사령四靈', 즉 용·봉황·기린·거북이다. 으뜸은 역시 용龍이다. 그들이 용을 숭상하는 까닭은 용이 지닌 무한한 능력 때문이다. 용에는 『주역』에 나오는 잠룡, 현룡, 비룡, 항룡 외에도 응룡, 교룡 등 별의별 종류가 다 있다. 그중에서도 '항룡亢龍'은 절정의 경지에 이른 용이다. 그러나 세상만물의 원리는 '물극필반物極必反'이라 하늘 끝까지 올라간 용은 내려가는 길밖에는 없다.

통상적으로는 물러나야 할 때를 거부하고 계속 자리에 연연하는 인간을 상징한다. 정치인들 사이에서 종종 인용되는 '항룡유회亢龍有悔'의 유래다. 결국 높은 지위에 올라간 자가 겸손하게 물러날 줄 모르면 반드시 패가망신한다는 교훈이다.

나아가는 것이 용기라면 물러나는 건 지혜다. 리더라면 올라가는 일보다 어떻게 내려오느냐가 더 중요함을 명심해야 한다.

> **사람다워야 인격이다**
>
> **나라다워야 국격이다**

합격

국격國格은 그 나라의 품격dignity이자 정신가치다. 여기서 격格이란 우리말로 '~답다'이다. 이것은 국가 이미지와도 깊은 관련이 있다. 일단 독일은 견고, 프랑스는 격조, 스위스는 정확이다. 일본은 전쟁 이후 품질관리TQC의 종주국으로 부상한 덕택에 '품질'로 각인되어 왔다. 일본기업들 중에 'Ni'로 시작되는 이름이 많은 것은 일본Nippon을 떠올리게 만드는 '원산지 효과' 전략이다. 한국은 아직도 아리송이긴 하나 과거의 싸구려 이미지에서 막강 한류 덕분에 매력적인 나라로 변하고 있는데, 이에 걸맞은 국가 브랜드 정립이 절실한 시점이다.

국격의 5할은 지도자라 하지만 국민의 사고와 행동 수준이야말로 국격의 핵심이다. 이걸 통과해야 합격合格이다. 품질을 넘어 품격이 우리나라 모든 분야에 잉크처럼 번지기를 기원하는 마음이다. 국운 상승기 대한민국의 키워드가 '격格'이 되어야 할 이유다.

> # 새로운 브랜드 슬로건이 필요하다
> # 어렵거나 복잡하면 무조건 실패다

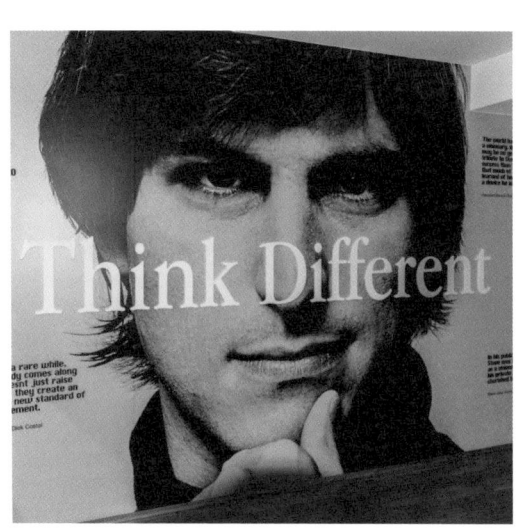

국가 브랜드

수도 서울의 슬로건이 바뀌었다. 브랜드 슬로건Brand Slogan은 고객의 뇌 속에 각인되는 이미지 값을 결정하는 강력한 힘이다. 세계 역사상 불과 5글자로 5,000만을 단결시킨 불후의 새마을운동 슬로건 "잘살아보세"를 떠올려 보라. 특히 애플의 'Think Different', 이 두 단어가 내뿜는 차별적 이미지의 가치는 가히 천문학적 수준이다.

이제 문제는 국가 브랜드다. 우리는 한동안 '다이내믹 코리아Dynamic Korea'를 외치더니 지금은 도대체 아리송이다. 다만 한류의 히트로 예전의 싸구려 국가란 이미지와는 비교할 수 없는 매력적인 나라로 인식되고 있음은 무척 다행한 일이다. 중요한 것은 일단 쉽고도 함축적이어야 한다는 점이다. 바야흐로 G8 국가로 등극하고 있는 지금 슬로건 교체야말로 국격 변화의 신호탄이다.

> **응징보다 실력이다
> 와사비는 코를 찌르고 고추는 뇌를 찌른다**

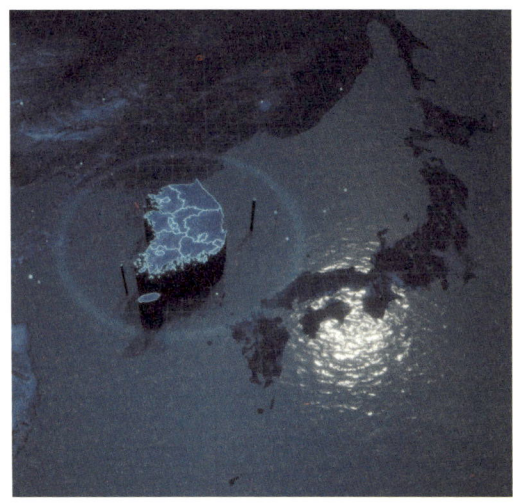

고추와 와사비

한국에 『춘향전』이 있다면 일본에는 『주신구라忠臣蔵』가 있다. 온恩과 기리義理의 나라, 일본이 유럽 최강 독일보다 큰 나라임을 아는 사람은 드물다. 특히 일본인들이 제일 좋아하는 꽃이 화려하게 산화하는 사무라이형 벚꽃さくら이긴 하나 나라꽃國花은 아니다.

겉과 속이 다르다고 알려진 일본이지만 걸핏하면 친일로 몰아가는 우리 역시 극단적이다. 만성 발화점은 내심을 감추는 일본인과 속을 드러내는 감성적 한국인과의 기질상 차이다.

우리가 이사를 갈 수도 없는데다 양국은 자유세계의 최전선을 지키는 공동 운명체다. 일본은 오래된 부자이긴 하나 아날로그 재팬은 더 이상 '디지털 코리아'의 상대는 아니다. 이젠 관제 민족주의로 인한 부화뇌동에서 벗어나 한일 공진화共進化 시대를 열어야 한다. 일본은 있다.

> **오늘의 아이를 어제의 방법으로 가르치지 말라**
>
> **정답형 교육을 전면 파괴하라**

교육 혁명의 최전선

과거 산업부 내에 반도체국(과)이 없었기에 반도체 강국이 되었다는 이야기는 일종의 고전이다. 초융합경제 시대, 교육혁명은 폭발적으로 진행 중이다. 주요 선진국은 이미 교육敎育이란 석기시대 용어를 내던지고, 정답형 학습Learning 차원을 뛰어넘어 개인의 창의성에 영감을 불어넣는 이른바 고취Inspiring, 나아가 개척Pioneering 영역으로의 대전환을 추진하고 있다. 그 핵심은 기존의 종적 커리큘럼을 전면 파괴하고 통합적 사고와 지식의 축성築城 능력을 강화해 실전적 문제해결형 인재를 길러내는 것이다. 그러한 바탕 위에서 화성여행, 초음속 튜브열차, 우주 물류창고 등이 자연스레 튀어나오고 있는 것이다.

뒤틀린 사교육 천국, 이대로 가면 인재人材를 길러내기는커녕 인재人災가 된다. "오늘의 아이를 어제의 방법으로 가르치는 것은 아이들의 미래를 훔치는 것이다." 세계적인 교육학자 존 듀이John Dewey의 말이다.

"
강한 자는 회복하고 약한 자는 주저앉는다
망가졌던 한국이 회복되고 있다
"

국가의 회복탄력성

회복탄력성Resilience이란 한마디로 '다시 일어서는 능력'이다. 인생의 바닥을 치고 올라올 수 있는 마음근육의 힘이다. 인생에서 성공이란 결국 탄력성의 함수다. 회복탄력성의 두 가지 축은 소통 능력과 긍정적 마인드다.

세계를 강타한 지난 금융위기 때도 한국은 가장 먼저 극복한 국가로 자리매김했다. 당시 주요 외신들은 한국의 경이로운 오뚝이 회복력에 대해 '교과서 사례textbook recovery'라는 제목을 달았다. 여전히 해괴한 조작과 선동이 난무하고 있지만 확실히 과거와는 다르다. '대한민국 원위치'가 조금씩 소리 없이 이루어지고 있다. 가장 절실한 건 도덕과 상식 회복이다. 국가 탄성계수 세계 최강 대한민국의 회복탄력성을 믿는다.

널리 유능한 인재를 구하라

진짜 금은 도금하지 않는다

시대적 선구안

선거를 앞두고 벌써 선수 선발전이 뜨겁다. 쓸 만한 사람이 없다고 하지만, 역대 정권의 시력은 늘 고도 근시 수준이었다. 그나마 A급은 나설 생각이 없고, B급은 좀 모자라고, C급은 널려 있다. 권부를 기웃거리는 함량 미달의 인간들도 문제다. 높은 곳에서 걸려올지도 모를 콜을 놓칠세라 화장실 갈 때도 폰을 들고 다닌다는 인사들도 있다고 한다.

진짜 금은 도금하지 않는다. 마찬가지로 훌륭한 인재는 매명賣名하지 않는다. 미인은 문밖에 나가지 않아도 보고 싶어하는 사람이 많은 법이다.

득인위최得人爲最.

제대로 된 사람을 뽑으면 모든 일이 해결된다. 세종이 늘 강조하던 말이다.

> 전쟁을 각오한 자만이 평화를 얻을 수 있다
>
> 평화는 강한 자의 전리품이다

전쟁과 평화

로마제국은 4세기 "평화를 원한다면 전쟁을 준비하라$_{\text{Si vis pacem, para bellum}}$"는 유명한 경고를 남겼다. 전쟁이란 인류 최고의 역발상 게임이자 비장의 수읽기다. 특히 적의 예상을 깨뜨리는 것이 매우 중요하다. 따라서 역사적으로 이긴 전쟁은 늘 기습과 선방이었다.

병학$_{兵學}$의 최고수 손무에 따르면 전쟁이란 한마디로 '적을 속이는 법$_{詭道}$'이다. 흥미로운 건 적을 속이기 위해선 우선 아군부터 속여야 한다는 점이다. 트로이의 목마는 전설적인 사기극이었다. 노르망디나 인천에 상륙한다는 건 적의 입장에서 볼 땐 미친 짓이었다.

"평화란 분쟁이 없는 상태가 아니라 분쟁을 평화로운 방법으로 다루는 능력이다." 전 미국 대통령 레이건의 말이다.

에필로그

위대한 사람들의 시대

바야흐로 우리나라는 '5030클럽'을 지나 대망의 G8 국가, 5만 달러 시대에 다가서고 있다. 지난 2022년 10월 미국의 유력지 「US 뉴스 앤 월드 리포트」는 '2022 최고의 국가'에서 한국이 가장 중요한 국력 순위 Power Ranking 부문에서 프랑스와 일본을 앞지른 세계 6위를 기록했다고 보도했다. 이제 오래된 부자나라 아날로그 재팬은 더 이상 디지털 코리아의 상대가 아니다. 넘사벽인 줄로만 알았던 일본을 제친 주식회사 대한민국의 다음 행보는 무엇인가?

화이트 스페이스를 연다

누구를 앞서 리드해 간다는 것은 성공 경험이 없고는 유지하기 어렵다. 2등은 1등의 뒤통수를 보고 따라가면 되지만 1등은 앞에 아무도 없기 때문이다. 이젠 자신에게 싸움을 걸어야 한다. 지금까지 앞만 보고 죽어라 달려온 우리 기업들로선 한 번도 가보지 않은 생소한 길이다. 이른바 1등의 고민이다. 기존 시장은 꽉 차 있고 경쟁자는 넘쳐나고 있다. '최초의 생각'과 '새로운 다름'이 절실히 요구되는 시점이 아닐 수 없다.

현재 떠오르고 있는 신개념은 '화이트 스페이스White Space'이다. 화이트 스페이스는 한마디로 아직 비어 있는 공간 내지 여백이다. 비즈니스 기회상으론 기존에 공략해보려 시도해보지 않았던 부분 내지 그 누구도 해결 못 한 미지의 영역이다. 쉽게 말하면 아무도 밟지 않았던 하얀 눈밭길이다. 기술경영학적으로 보면 로버트 프로스트R. Frost의 국가판 「가지 않은 길」이다.

어차피 하늘 아래 새로운 건 없다. 언젠가는 최고도 깨지고 최대도 깨진다. 그러나 최초는 영원하다. 요컨대 창조란 한마디로 '최초의 생각'이다. 미국, 일본, 중국이 못하는 걸 우리가 최초로 생각해내야 한다. '최초'란 단어는 그 자체로 매직이다. 여기에 하나 더 추가한다면 '최초의 질문'이다. 탈전공·탈학습 시대의 생존비법이 이것이다.

영감을 불어넣어라

세계경제포럼WEF의 보고서에 의하면 지금 초등학생의 65%는 현재 존재하지 않는 직업에 종사하게 될 것이라고 한다. 앨빈 토플러는 생전에 "한국의 학생들은 하루 15시간 동안 학교와 학원에서 미래에 필요하지도 않은 지식과 존재하지도 않을 직업을 위해 시간을 낭비하고 있다"고 지적한 바 있다.

한편 국내 한 언론인은 20세기 교수가 21세기 학생을 가르치는 곳이 대학이라고 썼다. 한국의 대학은 품질보증은커녕 반품, 교환, 애프터서비스A/S도 없는 유일한 서비스업이다. 인공지능AI 초융합 경제 시대에 좌뇌와 우뇌의 통합적 사고integrative thinking를 극대화시켜도 모자랄 판에 시대착오적인 문·이과 칸막이 속에서 주입식과 평준화로 질주해온 기막힌 현장을 보라. 그 결과 취직준비학원 내지 대형 물류창고로 전락해버린 대학에선 여전히 해답형과는 동떨어진 정답형 인간들의 대량생산이 계속되고 있다. 그러나 더 이상 이대로 갈 수는 없다.

"Inspiring your people!"

이 말은 현재 실리콘밸리에서 제창되고 있는 리더십4.0의 핵심 문장이다. 주목할 만한 것은 인공지능 시대 교육과 기업문화 등과 관련해서 특히 '영감靈感'의 의미가 새롭게 떠오르고 있다는 점이다. 영감Inspiration이 흡입이라면 야망aspiration은 흡출이다. 인재4.0 시대의 키워드가 바로 '인스파이어링inspiring', 즉 숨을 불어넣어 영감을 주는 것이다. 그 어떤 말보다 이 말은 우리들 가슴을 가장 뛰게 만든다. 향후 이 멋진 단어가 향후 한국의 젊은이들을 살리는 말이 되어야 할 이유다.

전 세계적으로 교육혁명은 이미 폭발적으로 진행되고 있다. 주요 선진국들은 이른바 '교육 4.0'을 추진해나가고 있다. 그들은 기존의 훈련Training이나 학습Learning이란 석기시대 용어를 내던지고 '고취Inspiring' 나아가 '개척Pioneering' 영역으로의 확장을 겨냥하고 있다. 그 핵심은 기존의 종적 커리큘럼을 전면 파괴하고 지식의 축성築城 능력을 강화해 실전적 문제해결형 인재를 길러내는 것이다. 그러한 바탕 위에서 일론 머스크의 초음속 튜브열차, 화성여행 로켓 그리고 아마존의 블루문 프로젝트와 우주 물류창고 등이 자연스레 튀어나오고 있는 것이다.

5년 후의 한국

현재 전대미문의 생성형 인공지능AI의 대폭발이 전 세계를 강타하고 있는 가운데, 특이점特異點, Singularity으로 상징되는 기술문명사적 티핑 포인트도 다가오고 있다. 이 세기적인 시대의 변곡점에 서 있는 우리가 가야 할 길은 무엇인가.

"경쟁에서 이기는 최고의 방법은 경쟁을 하지 않는 것이다"라는 말이 있다. 이제 한국은 어느덧 앞선 이의 발자국이 보이지 않는, 아무도 가보지 못한 광활한 설원에 당도해 있다. 여기가 곧 화이트 스페이스White Space, 바로 21세기 고차원적 선진국의 문턱이다. 알고 보면 지금까지 한국인들은 주어진 문제를 푸는 데에는 뛰어난 성적을 내왔다. 그러나 이젠 문제를 푸는 학생이 아니라 문제를 출제하는 선생의 역할이 우리 한국인들의 미션이다.

희망적인 것은 한국은 미국, 중국, 이스라엘과 함께 인공지능AI 최강국 중 하나로 우뚝 올라서고 있다는 사실이다. 아! 펄펄 날아오를 자랑스러운 한국의 젊은이들이 보인다. 거대한 상상과 창조, 새로운 산업혁명과 기술 신대륙의 발걸음 소리가 점점 더 가까이 들려온다.

위대한 시대, 위대한 사람들의 세상이 열리고 있다.

생각의 지문

초판 1쇄 발행 2023년 12월 11일
초판 5쇄 발행 2024년 1월 12일

지은이 이동규
펴낸이 안현주

기획 류재운 **편집** 안선영 김재열 **브랜드마케팅** 이승민 **영업** 안현영
디자인 표지 정태성 본문 장덕종

펴낸곳 클라우드나인 **출판등록** 2013년 12월 12일(제2013-101호)
주소 우) 03993 서울시 마포구 월드컵북로 4길 82(동교동) 신흥빌딩 3층
전화 02-332-8939 **팩스** 02-6008-8938
이메일 c9book@naver.com

값 18,000원
ISBN 979-11-92966-42-7 03320

* 잘못 만들어진 책은 구입하신 곳에서 교환해드립니다.
* 이 책의 전부 또는 일부 내용을 재사용하려면 사전에 저작권자와 클라우드나인의 동의를 받아야 합니다.
* 클라우드나인에서는 독자여러분의 원고를 기다리고 있습니다.
  출간을 원하는 분은 원고를 bookmuseum@naver.com으로 보내주세요.
* 클라우드나인은 구름 중 가장 높은 구름인 9번 구름을 뜻합니다. 새들이 깃털로 하늘을 나는 것처럼 인간은 깃펜으로 쓴 글자에 의해 천상에 오를 것입니다.